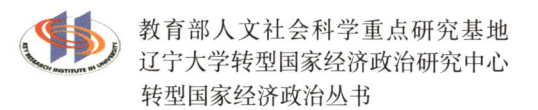

教育部人文社会科学重点研究基地
辽宁大学转型国家经济政治研究中心
转型国家经济政治丛书

转型国家金融发展与经济增长

FINANCIAL DEVELOPMENT AND
ECONOMIC GROWTH IN
TRANSITIONAL COUNTRIES

张振家　刘洪钟　著

社会科学文献出版社
SOCIAL SCIENCES ACADEMIC PRESS (CHINA)

摘 要

本书主要研究俄罗斯与中东欧等转型国家的金融发展及其与经济增长的关系。首先，对金融发展与经济增长之间的逻辑联系、金融发展评价指标体系的构建以及金融脆弱性等相关研究进行了文献述评；其次，通过构建金融部门和金融市场发展的相关指标，以中东欧五国（包括波兰、匈牙利、捷克、斯洛伐克以及斯洛文尼亚）和俄罗斯为研究对象，对转型国家的金融发展进行分析和比较，并以全球金融危机为断点考察危机前后转型国家金融结构的演进过程及其对经济增长的影响；再次，对中东欧国家和俄罗斯的金融脆弱性与金融重构进行了讨论；最后，讨论了中国的经济增长与金融发展进程，基于"一带一路"倡议的视角，探究了中国金融脆弱性的核心表现形式并提出了控制金融脆弱性的若干对策。

Abstract

This book mainly studies the financial development and its relationship with economic growth in transition countries including Russia, Central and Eastern European countries. Firstly, we review the literature on the relationship between financial development and economic growth, the construction of financial development evaluation index system and financial vulnerability. Secondly, by building indicators about the development of the financial sector and financial markets, the authors analyze and compare the financial development in the transition countries including the five Central and Eastern European countries (Poland, Hungary, the Czech Republic, Slovakia and Slovenia) and Russia, and with the global financial crisis as the breakpoint, investigate the evolution of financial structure in transition countries before and after the crisis and its impact on economic growth. Next, the book discusses the financial fragility and restructuring of Central and Eastern European countries and Russia. Finally, the book discusses China's economic growth and financial development process. Based on the perspective of "One Belt And One Road" initiative, it explores the main symtoms of China's financial vulnerability and puts forward several countermeasures to control financial vulnerability.

前　言

自20世纪90年代初以来，俄罗斯及中东欧等国家的经济转型已经走过了近30个年头。尽管增长速度有快有慢，发展质量有高有低，但总体看，各国的经济转型是相对平稳的，取得了显著的成绩。

作为经济的"心脏"，金融制度的转型与发展无疑是俄罗斯及中东欧国家经济转型顺利推进的核心。事实上，在金融发展过程中，虽然有所波动，但上述国家大多建立了以银行为主导的金融结构，银行在资源配置中充当了至关重要的中介角色。不过，由于转型国家普遍具有新兴市场的特性，因而在其金融发展过程中，国内金融系统往往不可避免地会出现新兴市场国家普遍存在的金融脆弱性问题。因此，如何通过不断调整政策从而保证金融系统的安全与稳定，也就成了俄罗斯与中东欧国家经济转型进程中的一项核心任务。

关于金融部门的发展是否或者在多大程度上能够促进经济增长这一话题，经济学家一直存在较大的争论。有些经济学家，特别是宏观经济学家，基于新古典主义宏观经济增长模型和对不同国家经验数据的回归分析，认为金融部门对经济增长的促进作用并不显著；与此相反，那些更多从历史经验来进行分析的经济史学家则普遍认为，金融部门对经济增长具有非常明确的促进作用，人们应该讨论的问题是金融发展在多大程度上对经济增长起到了推动作用。

那么，在近30年的转型进程中，俄罗斯及中东欧等转型国家的金融发展与经济增长之间是如何相互影响的，金融发展是否为经济增长提供了金融助力？不同国家的金融发展与经济增长之间的关系具有哪些共性和不同？对这些问题的探讨，无疑有助于从转型这一新的视角丰富金融发展与经济增长的相关关系理论。

循着上述逻辑，本书以俄罗斯及中东欧国家的金融发展及其与经济增长的关系为研究视角，系统探讨和比较了转型国家的金融发展经验及其差异，金融发展与经济增长的内在联系，以及俄罗斯及中东欧国家转型实践对中国金融发展和经济增长的借鉴作用。本书使用七章的篇幅对上述问题进行了详细的阐述与分析。

第一章对金融发展与经济增长之间的逻辑关系、金融发展评价指标体系的构建以及金融脆弱性等相关主题研究进行了文献综述。第二章对金融发展的重要理论进行了重新归类，即从完全竞争市场金融发展理论、非完全竞争市场金融发展理论、强调制度约束的金融发展理论以及基于转型国家实践的金融转型理论四个角度对金融发展理论进行了总结与评析。第三章对中东欧国家（重点对波兰、匈牙利、捷克）以及俄罗斯的经济增长与金融发展实践进行了分析和比较。从金融部门和金融市场两个方面设定指标，并具体使用金融深度、金融可进入性、金融效率以及金融安全性四个方面的子指标，来具体衡量和比较各转型国家的金融发展状况。第四章从银行主导型金融结构的形成与调整以及银行主导型金融结构的经济增长效应两个方面对中东欧国家金融发展与经济增长的相关性进行了阐述。第五章基于金融深化与美元化两个方面解读了中东欧转型国家与俄罗斯的金融脆弱性问题。第六章主要从银行业重构以及"去美元化"两个视角探讨了中东欧转型国家与俄罗斯的金融重构与发展战略问题。第七章详细阐述了"一带一路"倡议背景下中国的金融发展与经济增长的典型事实以及金融脆弱性的表现与控制问题。

本书的出版得到了辽宁大学转型国家经济政治研究中心的资助。社会科学文献出版社的周丽、王玉山老师为本书的编辑出版付出了辛勤的汗水，在此表示衷心感谢！

书中观点仅属作者一家之言，错误和遗漏在所难免，恳请读者批评指正。

目 录

第1章 绪论 ………………………………………………… 001
  1.1 问题的提出 ……………………………………………… 001
  1.2 相关文献回顾 …………………………………………… 002
  1.3 研究框架与创新点 ……………………………………… 019

第2章 金融发展理论 ……………………………………… 023
  2.1 金融发展的内涵 ………………………………………… 023
  2.2 完全竞争金融市场的金融发展理论 …………………… 024
  2.3 非完全竞争市场的金融发展理论 ……………………… 031
  2.4 强调制度约束的金融发展理论 ………………………… 036
  2.5 基于转型国家实践的金融转型理论 …………………… 039

第3章 中东欧国家及俄罗斯金融发展与经济增长实践 …… 042
  3.1 中东欧国家及俄罗斯经济增长与金融转型
      总体概述 ………………………………………………… 042
  3.2 中东欧国家经济增长和金融转型及发展 ……………… 049
  3.3 俄罗斯的经济增长与金融发展 ………………………… 069
  3.4 中东欧国家与俄罗斯的金融转型与金融
      发展比较 ………………………………………………… 076

第 4 章　中东欧国家金融发展与经济增长的相关性分析 ········ 088
4.1　银行主导型金融结构的形成与调整 ·················· 089
4.2　银行主导型金融结构的经济增长效应 ················ 101

第 5 章　中东欧国家及俄罗斯转型国家中的金融脆弱性 ······ 108
5.1　中东欧国家及俄罗斯的金融深化与金融脆弱性 ······· 108
5.2　中东欧国家与俄罗斯的美元化与金融脆弱性 ········· 113

第 6 章　中东欧国家及俄罗斯的金融重构与发展战略 ········· 123
6.1　中东欧国家及俄罗斯的银行业重构 ················· 123
6.2　中东欧国家与俄罗斯的去美元化战略 ··············· 126
6.3　未来中东欧国家进一步推动金融发展的政策选项 ··· 132

第 7 章　中国经济增长与金融发展 ·························· 135
7.1　中国经济增长与金融发展的典型事实 ··············· 135
7.2　"一带一路"背景下我国金融脆弱性表现与控制 ·· 144

结　语 ··· 153

参考文献 ·· 155

Content

Chapter 1　Introduction ／001
　1.1　Question Proposal ／001
　1.2　Literature Review ／002
　1.3　Research Framework and Innovation ／019

Chapter 2　Theories of Financial Development ／023
　2.1　Connotations of Financial Development ／023
　2.2　Financial Development Theory of Completely Competitively Financial Market ／024
　2.3　Financial Development Theory of Incompletely Competitively Financial Market ／031
　2.4　Financial Development Theory Emphasizing Institutional Constraints ／036
　2.5　Theory of Financial Transition Based on the Practice of Transitional Countries ／039

Chapter 3　Finacial Development And Economic Growth Practice In Central And Eastern European Countries (Ceecs) And Russi ／042
　3.1　Overview of Economic Growth and Financial Transition in Ceecs and Russia ／042

3.2 Economic Growth, Financial Transition and Development In Ceecs /049
3.3 Economic Growth and Financial Development in Russia /069
3.4 Comparision of Financial Transition and Financial Development Between Ceecs and Russia /076

Chapter 4 Analysis of Relevance Between Financial Development and Economic Growth In Central and Eastern European Contries (Ceecs) /088

4.1 Formation and Adjustment of Bank – Led Financial Structure /089
4.2 Economic Growth Effect of Bank – Led Financial Structure /101

Chapter 5 Financial Vulnerbility in Transitional Countties Including Central and Eastern European Countries (Ceecs) and Russia /108

5.1 Financial Deepending and Financial Vulnerbility in Ceecsand Russia /108
5.2 Dollarization and Financial Vulnerbility in Ceecs and Russia /113

Chapter 6 Financial Reconstruction and Developing Strategies in Entral and Eastern European Countries (Ceecs) and Russia /123

6.1 Banking Industry Reconstruction In Ceecs And Russia /123
6.2 De – Dollarization Strategies In Ceecs And Russia /126
6.3 Policy Options For Further Promoting Financial Development In Ceecs In The Future /132

Chapter 7 China Economic Growth and Financial
　　　　　　Development　　　　　　　　　　　　／ 135
　7.1　Typical Facts of China Economic Growth and
　　　　Financial Development　　　　　　　　　／ 135
　7.2　Performance and Control of China's Financial Vulnerability
　　　　Under The Background of "one Belt and
　　　　One Road Initiative"　　　　　　　　　　／ 144

Epilogue　　　　　　　　　　　　　　　　　　／ 153

References　　　　　　　　　　　　　　　　　／ 155

第1章 绪论

1.1 问题的提出

20世纪90年代以来,中国、俄罗斯及中东欧等转型国家在从计划经济到市场经济的演化过程中均取得了显著但有差异的增长绩效。中国与中东欧国家把握住了经济赶超的历史机遇,经济增长表现有目共睹,俄罗斯的情况有所不同,在经济增长整体呈现向好趋势的同时,波动相对较大。作为经济的"心脏",金融部门的转型与发展对于上述国家持续的经济增长是至关重要的。那么,在过去二十多年的转型进程中,中国、俄罗斯及中东欧等转型国家的金融部门取得了怎样的发展?各国金融转型和发展又具有哪些共性与差异?本书将就这些问题展开深入讨论。

接下来,本书讨论的另外一个重要问题是,在转型国家经济增长的过程中,金融发展是否为经济增长提供了金融助力?不同国家的金融发展与经济增长之间的关系是否又具有共性?事实上,经济学家对于金融部门的发展是否或者在多大程度上起到了促进经济增长这一话题一直存在较大的争论。许多经济学家,特别是宏观经济学家,对金融部门能够促进经济增长产生怀疑,他们基于新古典主义宏观经济增长模型和对不同国家经验数据的回归分析表明,金融部门对经济增长的促进作用并不是非常明确；与此相反，那些更多从历史经验来进行分析的经济史学家则普遍认为，金融发展对经济增长具有非常明确的促进作用，人们应该讨论的问题是其在多大程度上对经济增长起到了推动作用。他们的研究表明，银行及金融市场确实能够通过获取和分析信息、为企业筹集资金以及便捷支付手段等渠道促进企业、行业和地区经济的发展。那么，在转型国家中，金融发展与经济增长之间是如何相互影响的？本书将通过实证分析对此问题进行深入讨论。

此外，转型国家普遍具有新兴市场的特性，那么在其金融发展过程中，国内金融系统是否表现出了新兴市场国家普遍存在的金融脆弱性问题？如果有，这种金融脆弱性该如何界定和评价，并且又该采取怎样的路径保证金融系统的安全？本书将对此进行讨论。特别是，我们将结合"一带一路"这一背景讨论中国的金融脆弱性问题。"一带一路"倡议为我国金融业"走出去"并树立"大国金融"形象提供了契机，但与机遇共生的是金融深化改革的风险问题，而金融脆弱性既是风险的本质体现又是影响金融"走出去"战略实施的主要约束条件。因此，基于金融脆弱性的内涵，从国内金融深化以及开放经济下的货币替代两个视角精确解读金融脆弱性在当前的表现，是我国防范金融风险以及在"一带一路"倡议实施过程中充分发挥金融助力作用亟待解决的核心问题。

1.2 相关文献回顾

1.2.1 金融发展的衡量

Levine（2005）指出，构建可以直接用来评价金融发展的指标体系这项工作本身是非常有意义的，但也充满了挑战，因为使用这些从金融发展理论中析出的指标去评价一国金融系统的发展程度，所得出的结论可能是不准确的，或是不全面的。尽管如此，学术界和国际组织还是持续坚持对一国金融发展程度方法和指标进行评价的探索，其中Čihák et al. (2012)[①]、Sahay et al. (2015)[②]以及世界银行的研究方法因其具有较强的可操作性而被广泛接受。世界银行的Čihák et al. (2012)基于金融部门与金融市场两个方面，使用金融深度、金融可进入性（又称金融包容性）、金融效率以及金融稳定四类指标，对2000年至2010年世界各国金融部门与金融市场的发展程度进行了评价，国际货币基金组织（IMF）的Sahay et al. (2015)使用金融深度、金融可进入性以及金融效率这三类指标数据对新兴国家的金融发展程度进行了衡量。世界银行对各国金融发展程度进行评价时，则使用了金融深度、金融可进入性、金融效率、金融稳定性以及其他等五类指标。国内学者在衡量金融发展程度时普遍使用的是金融深度与金融广度这两个指标（李时宇，2010[③]；汪金花、熊学萍，2015[④]），其中，金融广度即为上述国外学者或国际组织所使用的金融可进入性，即金融政府、企业与私人部门对金融产品与服务的可获得度。

在子指标的选取过程中，金融深度往往通过银行和股票市场等金融部门向私人部门提供的信用占GDP的比重来衡量，该指标可以用于收集私人企业获得信用的信息，并与向政府和国有企业提供信用进行区分，因此是最为广泛使用的衡量金融深度的指标

[①] Čihák Martin., 2012. Demirguc-Kunt Asli, Feyen Erik & Levine Ross. Benchmarking Financial Systems around the World, World Bank, Policy Research Working Paper, No. WPS6175.

[②] Sahay Ratna., et al. 2015. Rethinking Financial Deepening: Stability and Growth in Emerging Markets. IMF Staff Discussion Note, No. SDN/15/08.

[③] 李时宇：《金融深度与经济增长——基于1994~2008年时间序列数据的实证研究》，《金融理论与实践》2010年第12期，第3~7页。

[④] 汪金花、熊学萍：《金融深度、金融宽度与经济增长的实证研究——基于中国省级面板数据》，《金融与经济》2015年第8期，第26~30页。

(Klein & Olivei, 2005[①]; Caglayan, et al., 2015[②]; Bonin & Wachtel, 2005[③])。Barajas et al. (2012)[④] 还进一步指出，用向私人部门提供信用占 GDP 的比例所代表的金融深度，与该国经济银行和金融市场的活跃程度以及经济增长之间呈现一种正向变化关系；对于金融市场深度来说，股票市场市值占 GDP 比重以及股票市场交易额占 GDP 比重是经常使用的评价指标。但 Arcand、Berkes & Panizza (2011)[⑤] 认为，向私人部门提供信用占 GDP 的比例与经济增长的正向关系是非线性的，并且当这一比例达到 110% 以上时，金融深度对于经济增长的边际贡献是递减的。此外，世界银行的 Beck et al. (2009)[⑥] 还使用银行与其他金融机构资产占 GDP 比重、股票市场市值与成交额占 GDP 比重等指标来评价金融部门与金融市场的深度。

作为"金融部门发展指数"项目的成果之一，世界银行在 2006 年发布的《衡量银行部门发展》[⑦] 一文中首次明确提出了将金融可进入性、金融效率以及金融稳定性作为新的指标体系以补充金融深度指标的局限性，从而更为完整和客观地对一国或一地区的金融发展进行评价。其中，评价金融可进入性的子指标具体包括银行

[①] Klein, Michael., Olivei, Giovanni. Capital Account Liberalization, Financial Depth, and Economic Growht, NBER Working Paper, No. 7384, 2005.

[②] Caglayan, Mustafa., Kocaaslan, Ozge, Kandemir., Mourtidis, Kostas. 2015. The Role of Financial Depth on the Asymmetric Impact of Monetary Policy, Sheffield Economics Research Paper Series, Originally Published SERP No. 2013007.

[③] Bonin, John., Wachtel, Paul. (2005). Dealing with Financial Fragility in Transition Economies, SSRN Electronic Journal, https：//www.researchgate.net/publication/5093748.

[④] Barajas, Adolfo., Chami, Ralph., Yousefi, Seyed, Reza. 2012. The Finance and Growth Nexus Re-examined: Do All Countries Benefit Equally?, Preliminary Draft, IMF.

[⑤] Arcand, J. L., E. Berkes, and U. Panizza, 2011, Too Much Finance? Unpublished, Washington: International Monetary Fund.

[⑥] Beck, Thorsten., Demirguc-Kunt Asli., Levine Ross. 2009. Financial Institutions and Markets across Countries and over Time-Data and Analysis, Policy Research Working Paper, No. WPS4943, The World Bank.

[⑦] World Bank. 2006. Measuring banking sector development. http：//www.worldbank.org/en/search？q=Measuring+banking+sector+development.

账户、分支机构、ATM 机的人均拥有量以及认为融资渠道不畅通的企业的百分比；金融效率包括金融部门运营成本、银行净利差以及资产回报率等；金融稳定则使用资本充足率、不良贷款比率以及流动资产比率等指标来进行评价。IMF 的 Carlson et al. （2015）[①]同样使用了 ATM 机、银行账户、电子银行账户、零售商店中银行分支机构的 15 岁以上成人人均拥有量等指标对金融可进入性进行评价。在金融效率评价中，Beck et al.（2009）主要使用银行信用占银行资产比重、银行净利差、银行管理费用占银行收入和银行总资产的比重以及股票市场周转率来分别衡量银行部门以及金融市场运行的效率。Kablan（2010）[②]也认为银行效率可以用贷款占资产的比率、流动资产占总资产比率以及银行收入与管理成本等数据来衡量。

IMF 在 2014 年 4 月发布的《2013 全球金融稳定性报告：从流动性到增长驱动的市场》[③]中使用了金融部门债务占 GDP 比例，银行资本占总资产比例，银行不良贷款占贷款总额比例以及银行监管资本占风险加权资产比例等指标来评价一国或一地区的金融稳定性。此外，银行部门 Z 统计值与股票价格指数波动性同样是衡量金融部门与金融市场效率的重要指标，其中 Z 统计值指标的计算公式为"Z 统计值 =（银行资产回报率 + 所有者权益占银行资产比例）/资产回报率的标准差"，Z 统计值越大，银行破产的可能性越低（Čihák et al. 2012，Sahay et al. 2015，Carlson et al. 2015）。

[①] Carlson, Stacy., Dabla-Norris, Era., Saito, Mika., Shi, Yu. (2015). Household Financial Access and Risk Sharing in Nigeria, IMF Working Paper, No. WP/15/169.
[②] Kablan Sandrine. Banking Efficiency and Financial Development in Sub-Saharan Africa, IMF Working Paper, No. WP/10/136, 2010.
[③] IMF. 2014. Global Financial Stability Report-Moving from Liquidity-to-Growth-Driven Markets. World Economic and Financial Surveys, Washington DC：International Monetary Fund.

1.2.2 金融发展与经济增长的内在关系

经济学家对于金融部门的发展是否或者在多大程度上起到了促进经济增长的作用这一话题曾经出现过非常大的争论。Levine (2004)[①] 提出了几个具有代表性的证据来证明这一点：首先，发展经济学先驱 Meier 和 Seers 在其合著的《发展的先驱》(*Pioneers in Development*) 一书中甚至都没有涉及金融的内容；诺贝尔经济学奖获得者 Robert Lucas 同样表示金融对于经济增长的作用被夸大了。从上述学者的观点看，金融发展并未引致经济增长，金融部门的功能仅仅是应对来自实体经济部门的需求而已，这正应了著名经济学家 Joan Robinson 的名言"企业先行，金融随之"(Where enterprise leads finance follows)。与上述看法截然相反，另一位诺贝尔经济学奖获得者 Merton Miller 则明确表示"金融市场对于经济增长的贡献是一个如此鲜明以至于无须再深入探讨的命题"。Gurley 和 Shaw (1955)[②] 以及 McKinnon (1973)[③] 同样认为金融发展与经济增长之间的关系绝不能被轻易忽视。事实上，亚当·斯密的《国富论》很早就阐述了一个被大众熟识的观点，即当银行确认企业拥有良好的发展前景的时候，就会调动从私人手中积累的储蓄向其投资，扩大其获利的机会，并且会对企业如何使用投资加以监管，从而提高公司的资金使用效率，防止资金的浪费以及企业被内部人所控制，从而刺激企业乃至整个经济的增长。

如果仔细分析双方的观点会发现金融部门往往被看作虚拟经济的构成要素，而经济增长需要企业等实体经济部门的发展。因此，

---

① Levine, R. Finance and Growth: Theory and Evidence, NBER Working Paper, No. 10766, 2004.
② Gurley, J. G. & Shaw. E. S (1955), "Financial Aspects of Economic Development", American Economic Review, 45: 515 – 538.
③ McKinnon, R. Money and Capital in Economic Development [M]. Washington, D. C.: Brookings Institution, 1973.

关于金融与经济增长之间关系的讨论实际上指向了第一个焦点，即金融部门在企业的发展过程中究竟会起到什么作用，或金融部门是如何通过扶持企业发展而促进经济增长的。Levine（2004）的观点很具有代表性，他认为，理论与现实的经验都证明了完善的金融体系能够帮助企业更好地缓解融资压力，并借此促进地区经济的增长。因为金融体系及其构成要素具有五个基本职能，即产生关于投资与资本分配的事前信息，进行投资与公司监管，使得贸易更加便利并进行风险管理，提高社会储蓄的使用效率，以及便利货物与服务的交换。上述功能使得金融工具、市场和制度安排能够缓解信息的不对称并提高资源分配的效率，降低交易成本，影响储蓄率与投资决策以及进行产品与服务的技术革新，并在此基础上影响经济的长期增长水平。当企业由于资金短缺而陷入困境时，金融部门可以帮助资金从个人向企业转移，这就表明，金融发展有两个效应：一是通过降低存款与投资的交易费用来降低资本的使用成本；二是金融市场和机构能够帮助企业克服道德风险和逆向选择，从而降低外部融资成本。同时，Merton 和 Bodie（1995）[1] 的研究也得出了同样的结论，即金融系统能够影响资源的分配，提高资源使用效率，从而促进经济增长。

Levin（2004）、Merton 和 Bodie（1995）的研究主要集中在金融系统能够缓解企业资金压力和信息不对称给企业运营带来的风险从而提高企业的运营效率并带动地区经济的发展上。但金融市场的构成要素包含了银行部门、债券市场、股票市场和保险市场等不同部门，这些部门都能对企业的产出增长发挥巨大的作用吗？上述疑问构成了关于金融发展与经济增长关系的另一个研究焦点，即金融

---

[1] Merton, R. C. and Z. Bodie（1995）, A Conceptual Framework for Analyzing the Financial Environment, In: the Global Financial System: A Functional Perspective, Eds: D. B. Crane, et al., Boston, MA: Harvard Business School Press: 3 – 31.

系统中的不同组成部分在经济增长过程中的作用。对此，Mayer (1990)[①]的研究表明，没有任何一个国家的经验表明，证券市场能够为企业提供其发展所需的核心金融资本，在一些国家中，证券市场对于企业融资的净贡献率更是接近于零。此外，虽然股票市场能够通过股票价格的变化引导社会资本的走向，提供社会资本的分配效率，但长期来看，股票市场在企业融资方面的作用是非常有限的。相反，银行提供给企业的外部资本却是企业融资的主要渠道，并因此促进了经济的增长。原因在于银行对于弥补金融市场不足，即信息不对称上发挥了核心作用，这与 Levin 等人的观点比较相似。但 Mayer 同时也提出，虽然信息收集与处理除了银行以外还可以通过专业化的咨询公司来完成，但这并非当前大多数国家的主流渠道。同时，银行在企业和地区经济发展之初所提供的信息与资金支持是至关重要的，证券和股票市场则很难成为银行的替代者。King 和 Levine (1993a)[②]也认为，作为经济增长的晴雨表，股票市场能够影响经济未来的增长，而非当下经济增长的原因，因为金融部门能够通过股票市场的走势判断未来经济的发展状况，从而决定是否增加贷款或投资给实体经济部门。与上述观点不同，Herring 和 Chautusripitak (2000) 指出，证券市场的缺失可能导致经济明显缺乏效率而且更容易遭受金融危机。Atje 和 Jovanovic (1993) 对 40 个发展中国家和发达国家的样本进行了检验，结果表明股票市场发展对人均实际 GDP 增长率有显著的影响：股票市场交易率每增加 1 个百分点，经济增长率将上升 0.083 个百分点。[③]

[①] Mayer, C. Financial Systems, Corporate Finance, and Economic Development, in Chapter of Financial Systems, Corporate Finance, and Economic Development, eds in R. Glenn Hubbard. Asymmetric Information, Corporate Finance, and Investment, p. 307 - 332, 1990.

[②] King, R. & R. Levine, 1993a, Finance and Growth: Schumpeter Might Be Right, The Quarterly Journal of Economics, Vol. CVIII, No. 3, 681 - 737.

[③] Atje, Raymond and Boyan Jovanovic. Stock Markets and Development. European Economic Review. 37 (2 - 3, April),: 632 - 640. 1993.

无论是影响当下还是影响未来的经济增长，金融体系的组成部门都能够解决作为实体经济最微小构成单元的企业的融资问题并降低融资成本，能够降低信息不对称给企业决策带来的风险从而促进企业的发展。但金融体系的发展能够促进所有行业的发展吗？这是关于金融发展与经济增长之间关系所讨论的第三个焦点话题。Rajan 和 Zingales（1996）通过对 20 世纪 80 年代美国 36 个行业以及其他 42 个国家的 36 个行业的研究证实了这一点，并且认为外部融资对于经济增长的促进作用在大部分国家中都是真实存在的。当一个行业处于均衡发展的时候是不需要大量外部资金注入的，因此，对于外部资金的需求一般发生在由于科技变革而刺激了该行业对大量资金的需求，而这种资金规模是行业内部现有资金无法支撑的。Aghion、Howitt 和 Mayer-Foulkes（2004）[1]也持有同样的观点，他们基于实证分析证明金融部门的发展能够为企业和社会的研发部门提供技术创新和转化所需要的外部资金。金融机构也往往会抓住这种投资机会向该行业注入资金，并且投资与行业增长往往是正相关的。在他们所调查的美国 36 个行业中仅有烟草、纺织、皮革加工、制鞋和陶器制造业的增长与外部融资成负相关关系。当然，人们会质疑美国经济发展水平相对于其他国家来说并不具有可比性，但他们却认为即使投资机会与投资收益在世界范围内可能会有所差异，但在一个特定行业中决定现金流与资本的比例关系的因素在世界范围内是相似的，都决定于对于特定产品的需求水平、产品所处的生命周期阶段以及产生足够现金流所需要的时间等。他们最终的结论表明，如果一国具有一个发展相对完善的金融系统，该国各个行业的发展会快于那些不具备完善金融系统的国家。

此外，从金融系统建立之初到相对完善的不同阶段，金融系统

---

[1] Aghion, P., Howitt. P, & Mayer-Foulkes, D. The Effect of Financial Development on Convergence: Theory and Evidence. NBER Working Paper No. 10358, 2004.

都能够在经济增长过程中发挥至关重要的作用吗？对经济增长的刺激作用是长期存在还是短期现象？这是关于金融发展促进经济增长这一主题需要关注的第四个焦点。Fisman 和 Love（2004）[①] 的研究结论具有较为广泛的代表性。他们认为，短期内金融发展对于任何一个行业的增长都可能产生促进作用，只要这个行业具有良好的发展机遇或获得了技术突破，而包括银行在内的金融系统当然愿意承担风险去投资这些行业以期获得更大的回报，并促进该行业的增长。但长期来看，相对于金融系统欠发达的国家，在一个金融系统相对完善的国家中，那些更加依赖金融机构外部资金支持的行业会获得相对持续的增长。Čihák，Demirgüč-Kunt，Feyen 和 Levine（2013）[②] 通过对 1960~2010 年全球 205 个经济体的调查研究认为，功能良好的金融系统对于经济的长期增长能够起到独立的作用，换句话说，一个拥有良好金融系统的经济体能够在长期取得更快的经济增长。

金融发展对经济增长的积极作用（或大或小）已经得到了众多经济学家的认同，但似乎忽略了另一个关于该主题的研究焦点，即如果金融部门的功能没有得到正确的实现会给经济增长带来哪些负面的影响。Čihák，Demirgüč-Kunt，Feyen 和 Levine（2013）指出，如果金融部门无法良好运作，将禁锢经济增长或导致经济增长出现不稳定的状态。比如，如果金融系统仅仅将资金从所谓的穷人手中向富人转移，那么不仅会造成很多初创的企业无法实现创业梦想，更会因此降低社会经济增长活力，拖慢经济增长速度。此外，如果金融部门无法对其所投资的企业进行有效的监管，将会使得企业的增长完全有利于企业家本身而不能对企业和社会的发展产生良

[①] Fisman, R. & Love, I. Financial Development and Growth in the Short and Long Run, NBER Working Paper No. 10236, 2004.

[②] Čihák, M., Demirgüč-kunt, A. Feyen, E. & Levine, R. Financial Development in 205 Economies, 1960 to 2010, NBER Working Paper No. 18946, 2013.

好的促进作用。最后他们指出，如果金融部门生产出复杂的金融产品及其衍生产品并将其售卖给毫无经验的投资者并从中牟利，这将激发过度的金融创新和金融行业的虚假繁荣，从而扭曲社会储蓄的有效分配，拖累整个经济的增长。Roubini 和 Sala-i-Martin（2004）[1]提出，金融抑制会对经济增长产生负面影响，因为金融抑制往往伴随着负的真实利率、高的外汇储备和通货膨胀税。Aghion、Bacchetta 和 Banerjee（2004）[2]也指出，在一个金融系统欠完善的国家，金融抑制可能会阻碍先进技术的采用，从而导致其经济增速与发达国家之间的差距越拉越大。

综上所述，经济学家，特别是宏观经济学家对金融部门能够促进经济增长产生怀疑，主要是基于新古典主义宏观经济增长模型和对不同国家经验数据的回归分析，他们的研究表明，金融部门对经济增长的促进作用不是非常明确。与此相反，那些基于历史经验进行分析的经济史学家则普遍认为金融部门对经济增长具有促进作用是非常明确的，人们应该讨论的问题是在多大程度上对经济增长起到了推动作用。他们的研究证明，银行及金融市场确实能够通过获取和分析信息，为企业筹集资金以及便捷支付手段等渠道促进企业、行业和地区经济的发展。此外，金融发展促进经济增长的机制在于，金融部门通过高效的信息收集和处理进而影响社会储蓄总量的分配并使得储蓄转化为投资，从而提高国家的投资水平，同时通过对企业和行业的监管提高投资的使用效率，进而促进企业、行业乃至地区的经济增长。相反，如果金融部门的职能无法正确发挥，则会阻碍经济增长。

上述文献阐述了金融发展对于经济增长的作用。那么，经济增

---

[1] Roubini, .N., & Sala-i-Martin, X. Financial Development, the Trade Regime, and Economic Growth. NBER Working Paper, No. 3876, 2004.

[2] Aghion, P., Bacchetta, P. & Banerjee, A., Financial Development and the Instability of Open Economies, Journal of Monetary Economics, Vol. 51, No. 6, 2004, pp. 1077–1106.

长会对一国的金融发展产生影响吗？许多学者对这一问题也进行了研究。Patrick（1966）[①] 从需求视角提出了经济增长会促进金融发展的观点。他指出，金融发展是对经济增长的跟随，这种跟随被称为"需求跟随"（Demand-Following），即经济增长会产生对金融服务和产品的需求，并促进金融系统的发展，换言之，金融制度、金融资产与负债以及相关的金融服务都是为了应对真实经济环境中投资者与储蓄者对金融服务的需求而产生的。在这种情况下，不断演化的金融体系正是经济持续发展的结果。新兴金融体系的形成不仅受到客观机会的影响，例如经济环境、制度框架，还受到经济主体对于经济行为所采取的态度、动机以及偏好的影响。国民收入增速越快，企业对于外部资金的需求也就越大，从而对于金融中介的依赖性就越强。基于同样的原因，在国家或地区经济总体不断增长的前提下，不同经济部门或行业的经济增速差异越大，对于金融中介的需求也会越大，因为金融中介能够更快速地将储蓄从个人和低增速的行业向高增速的行业转移。但是 Patrick 同时也指出，由于现代投资银行体系的不完善、资金借贷的限制以及利率的非市场化等诸多障碍或壁垒，经济欠发达国家的经济增长并不能完全或自动地带来金融体系的发展。Shan 等人（2001）[②]、刘金全和于惠春（2001）[③] 的研究同样表明，经济增长能够通过促进固定投资的增长，推动金融市场的形成与发展。

与上述学者明确指出经济增长对金融发展具有促进作用不同，Khan 和 Senhadji（2000）[④] 提出，经济增长与金融发展之间的内在

[①] Patrick Hugh T. Economic Development and Cultural Change, Vol. 14, No. 2. （Jan., 1966）, pp. 174 – 189.

[②] Shan J., Morris A., Sun F. Financial Development and Economic Growth: An Egg and Chicken Problem? [J]. Review of International Economics, 2001 (9): 443 – 454.

[③] 刘金全、于惠春:《我国固定资产投资和经济增长之间影响关系的实证分析》,《统计研究》2002 年第 1 期, 第 26 – 29 页。

[④] Khan Mohsin S., Senhadji Abdelhak S. Financial Development and Economic Growth: An Overview. IMF Working Paper, WP//00/209, December 2000.

联系是非线性的，金融体系如何从经济增长中受益仍然是一个相对未知的领域。Levine（1997）[1]也持有类似的看法，即虽然经济增长能够影响金融服务的质量和金融体系的结构，并且经济增长也可以通过改良计算机等通信技术促进金融体系的发展，但仍有很多工作需要去做，因为当前的研究成果还无法解释为什么处于相似发展阶段的经济体金融体系的发展程度却大为不同，以及长期的经济增长是否能够通过促进法律与政策的改变以创造出某种特定的金融体系等难题。不仅如此，刘金全等（2015）[2]还进一步指出，当经济处于繁荣期时，过度的经济增长会显著提升金融机构的脆弱性水平，反而不利于金融体系的稳定发展。

1.2.3 金融脆弱性

曾诗鸿（2009）[3]认为，金融脆弱性指的是金融业固有的高负债经营特征使得金融业容易受到金融监管疏漏、道德风险、经济周期波动、国内外经济环境变化的冲击，从而导致引发金融危机、债务危机、企业破产、物价飞涨或通货紧缩、失业等的一种性状。目前学术界关于金融脆弱性的研究，Kaufman（1987）认为多数学者都主要关注一国过高的债务。Bernanke 和 Gertler（1987）[4]则认为对于金融脆弱性的理解应该在更深的层次进行，即金融脆弱性应当是国家财富分配的结果，具体说就是，当借款人的净财富总是在低水平徘徊，那么该国的金融系统是低效的，并且能够导致宏观经济非均衡性发展。他们最后将金融脆弱性界定为国家的一种经济状

---

[1] Levine Ross. Financial Development and Economic Growth: Views and Agenda. Journal of Economic Literature, Vol. XXXV (June 1997), pp. 688 – 726.

[2] 刘金全、刘达禹、付卫艳：《金融机构脆弱性与经济增长的取值关联性研究》，《南京社会科学》2015年第2期，第19~25页。

[3] 曾诗鸿：《金融脆弱性理论——银行不良贷款生成的监管机制与动态路径》，中国金融出版社，2009。

[4] Bernanke, Ben., Gertler Mark. Financial Fragility and Economic Performance, NBER Working Paper, No. 2318, 1987.

态,在这种状态中企业的资产负债表表现非常糟糕,从而引发整个国家经济出现了实质上的投资不足,投资无法合理分配,或者是投资完全停滞或崩溃。还有一些学者认为,金融脆弱性的含义应被界定为金融体系由于受到小的且有规律性的经济冲击而走向了大规模的金融危机(Lagunoff & Schreft,2001)[1],或者是由小规模金融冲击的累积而引发的与其规模不相称的更大规模的金融影响(Allen & Gale,2004)[2]。

那么,哪些因素会引发金融体系的脆弱性呢?Diamond 和 Rajan(1999)[3]考察了流动性错配与金融脆弱性的关系,认为流动性错配是银行的固有特征,并会引发国内金融市场的脆弱性。Diamond 和 Dybvid 的研究[4]进一步指出,银行所接受的储户的活期存款(银行的负债)可以被允许在任何需要的时间进行支取,但银行发放的贷款(银行的资产)却很难在短期内以较高的价格售出,这就造成了流动性错配,其中银行的债务比资产的流动性更强,并且这种错配具有引发银行挤兑甚至是金融危机的风险。为了降低这种金融脆弱性的程度,首先银行可以重新修订与活期储户之间签订的存款协议,例如在某种特定情况下暂停将存款兑换成现金的业务;其次,政府也可以颁布实施存款保险金制度以降低银行的挤兑风险,并保障银行资产与其负债的结构是在一个合理的范围内(Diamond,2007)[5]。

---

[1] Lagunoff, Roger., and Schreft, Stacey (2001). "A Model of Financial Fragility". Journal of Economic Theory. 99:220 - 264.

[2] Allen, Franklin., and Gale, Douglas (2004). "Financial Fragility, Liquidity, and Asset Prices". Journal of the European Economic Association. 2 (6):1015 - 1048.

[3] Diamond, Douglas W., Rajan, Raghuram G. Liquidity Risk, Liquidity Creation and Financial Fragility: A Theory of Banking, NBER Working Paper, No. 7430, 1999.

[4] 更多详细的内容可见:Diamond, Douglas W., Dybvig, Philip H. (Reprinted 2000). Federal Reserve Bank of Minneapolis Quarterly Review, Vol 24, No. 1.

[5] Diamond, Douglas W. Banks and Liquidity Creation:A Simple Exposition of the Diamond-Dybvig Model, Economic Quarterly-Volume 93, Number 2, Spring 2007, pp:189 - 200.

首先，Demirguc-Kunt 和 Detragiache（1998）[1] 探讨了金融脆弱性与金融自由化之间的关系，提出虽然金融自由化对经济增长有积极的作用（即使是在金融抑制的国家），但同样也会增加该国金融脆弱性的风险，特别是在金融机构尚不完善的发展中国家，原因就在于金融自由化会增加银行冒险的机会，政府对储户或其他银行的债券持有人所做出的明确的或暗示的承诺所产生的道德风险则进一步加剧了这种危险。Caprio 和 Summers（1993）[2] 认为能够产生道德风险的因素主要在于移除存款利率上限和降低行业进入壁垒等使得银行特许权价值日益下降。因为银行业竞争者数量的增加，不断被蚕食的特许经营权价值将降低银行由于破产而失去特许经营的成本，这将鼓励银行在贷款时选择收益与风险双高的产品组合。除非这些冲动行为能够得到有效监管，否则道德风险所导致的不断上涨的冒险行为将成为金融脆弱性的重要原因。此外，一些国家的金融自由化还伴随着降低或完全放弃对国际资本流动的控制，这将导致新兴的金融中介会冒另外一种风险，即外汇风险，去购入国际外汇市场中的外币并将其借给国内的非对冲借款人，此时货币风险将转化为信用风险，货币危机将毫无疑问地在银行危机之前或伴随着银行危机发生（Kaminsky & Reinhart，1996）。[3]

其次，Gennaioli 等（2010）[4] 结合美国金融危机分析了金融创新引发的金融脆弱性问题。他们举例说明，为了销售创新性的主要货币市场基金，银行或影子银行系统通常承诺给予数以百万的投资者和购买者以票面价值的保证，即使这种基金产品是非常不稳定

---

[1] Demirguc-Kunt, Asli., and Detragiache, Enrica, 1998, "Financial Liberalization and Financial Fragility", Policy Research Working Paper No. 1917, The World Bank.

[2] Caprio, G., and L. Summers, 1993, "Finance and its Reform: Beyond Laissez-Faire", Policy Research Working Paper No. 1171, The World Bank.

[3] Kaminsky, G., and Reinhart, C. M., 1996, "The Twin Crises: The Causes of Banking and Balance of Payments Problems", Federal Reserve Board, Washington, DC.

[4] Gennaioli, Nicola., Andrei Shleifer, and Robert W. Vishny. Neglected Risks, Financial Innovation, and Financial Fragility, NBER Working Paper No. 16068, June 2010.

的。当投资者或金融中介意识到某种基金或债券确实具备很高的风险时,他们就会降价抛售,从而对债券和抵押市场产生额外的脆弱性。投资者在事前越是认为这种债券是安全的,就越会大量购买,从而在事后就越会以低价来抛售这些债券。美国的金融危机正是这样一个实例。Shleifer 和 Vishny(2010)[1] 以及 Stein(2010)[2] 也指出,不断缩水的债券价格对投资人的总体福利会产生负面影响,因为这些债券占用了投资人可能的其他投资机会所需要的资金,并且这种创新出来的流动性将会引发资产漏出与缩水,从而带来金融市场的系统风险。因此,政府应加强对金融创新的监管,特别需要金融中介具有明确的对投资人的资金保证。政府部门还应要求这些金融中介持有足够支撑其保证客户本金的资金,以最大限度地防止金融中介自身所虚构的幻想的破灭,并防止市场的崩盘。

再次,Eichengreen 和 Hausmann(1999)[3] 从道德风险假设、原罪假设以及承诺问题假设三个方面探讨了汇率制度安排与金融脆弱性之间的关系,并提出了应对措施。在这三个假设中,道德风险假设被认为是引起金融脆弱性的最重要假设。道德风险假设源于两个方面,即国家会给国内投资者和金融机构提供援助以及国际社会会为陷入金融危机的国家提供支持。这使得国内投资者获得了一种虚假的安全感,并转化为承担更大风险的进行投资的意愿和动力,而这种动力正是国内金融市场脆弱性的根源。关于政府援助的效率,Bernanke 和 Gertler(1987) 也提出了相似的观点,即最佳的政府援助实际上是很少见的,通常只对大规模金融危机有效,而对中小规模危机并不适用。因此政府不能轻易使用,如果使用,政府

---

[1] Shleifer, Andrei, and Robert Vishny. 2010. "Unstable Banking." Journal of Financial Economics, 97(3): 306–318.
[2] Stein, Jeremy. 2010. "Monetary Policy as Financial-Stability Regulation." Harvard University working paper.
[3] Eichengreen, Barry., Hausmann, Ricardo. Exchange Rates and Financial Fragility. NBER Working Paper, NO.7418, 1999.

必须要平衡援助的短期效益与长期援助所带来的低效，否则会给投资者带来进一步采取过高风险行为的野心。那么又是什么因素使得道德风险的假设能够成立呢？Bernanke 和 Gertler 认为主要是由于国家所采用的盯住汇率制度（Pegged Exchange Rate）。盯住汇率制度激发了毫无节制的外币借款，而这些借款，特别是短期巨额外币债务就成了摧毁国家金融体系的"定时炸弹"。因此，他们认为浮动汇率制更有利于限制短期资本流入并保障国内金融体系的稳定。

原罪假设指的是金融市场的不完善性，这种不完善性使得本国货币无法在国内外金融市场进行交易，从而使得国内市场无法避免金融脆弱性难题，原因在于所有的国内投资者都存在货币错配和期限错配问题。错配问题的产生并不是银行和企业缺乏对外汇对冲风险的谨慎评估，而是由于这个国家的外债都是以美元作为计算单位，所以无法进行对冲。因此，金融市场的不完善性也就成了金融脆弱性的又一根源。在这种情况下，解决问题的方法就不仅仅是采用浮动汇率制能够应付得了的，而是要完全放弃汇率，即完全采用美元或欧元等国际货币作为工资支付方式以及国内商品交易的计价与支付货币（即完全美元化），此时才能够消除错配风险，并获得充足的外国资本注入。

承诺问题假设指的是交易双方（特别是债务方）的违约行为所引发的合同无法执行的情况。在金融交易中，事前的承诺无法保障事后对双方都有利的局面的发生。这种情况对债务方显然是更为有利的，比如债务方就是无法在合同约定的时间内偿还债务。这显示出金融交易合同是无法自行得到保障的，也揭示了为什么金融交易合同必须非常严肃、严谨，并且需要得到法律的保障。同时，这也解释了为何在新兴国家，特别是在法律较不完善的国家，金融交易量相对较小，并且金融合同的执行力相对脆弱。面对这种情况，解决的办法在于改善国内的金融基础设施建设，例如加强对抵押品的诉求与管理以及不断发展国内的信用机构等。不过，对于新兴国家，其实无论采取哪一种汇率制度，实际上都无法非常有效地消除金融脆弱性问题。

上述分析揭示了金融脆弱性的内涵、产生的原因以及主要的应对措施，那么金融脆弱性在转型国家的表现如何？产生的原因又是什么？Demirguc-Kunt 和 Detragiache（1999）指出，当我们观察金融体系向金融自由化转型的过程会发现，虽然转型期内的银行边际利润、流动性以及存款都比较高，但这种势头却难以长期保持下去，并且在金融自由化开始之后，银行部门的转型速度仍然会比较缓慢，原因就在于金融自由化会降低银行的特许经营权价值，并增加银行的脆弱性。那么政策制定者能否通过对金融市场的直接干预去终止金融自由化进程（这其中包含了金融深化、美元化等主要内容），从而降低金融脆弱性？答案是肯定的。但这取决于政府的判断，即金融脆弱性的成本是否超过了金融自由化所带来的收益，以及政府是否期望通过监管来降低金融市场失败的风险而非加强这种风险。

关于金融脆弱性的研究，我们有以下几点评价。首先，学者们关于金融脆弱性内涵的界定是比较统一的，都认为一国的金融脆弱性表现应该从以下几个方面进行衡量，即最直观的评价指标应包括银行体系中不良贷款所占比重、流动性错配程度、货币错配程度、资产替代的程度、国家外债规模及其所蕴含的偿债能力等。其中货币错配与资产替代从货币职能角度进行研究都应归为外币对本币在计价、价值储藏以及交易支付等货币职能上的替代，即为货币替代，而美元化正是货币替代的重要表现形式。此处的美元化不仅指的是美元对本币的替代，而且是在更广泛的范围内的国际货币（如欧元、日元、英镑等）对本币货币职能的替代。

其次，金融自由化程度与金融创新程度都反映了本国金融市场发展与深化的程度，而金融市场发展本身也间接地表明了金融脆弱性的程度，因为金融市场自由度越高、金融产品与服务的创新越活跃，本国金融市场脆弱性风险也就越高，这种风险在转型国家的金融转型过程中体现得尤为明显。这个结论对于我国资本账户开放程度与步骤，包括人民币区域化和国际化，无疑具有重要的启示，因为人民币的表现对于维护我国金融市场的稳定意义重大。

最后，在应对金融脆弱性风险方面，降低不良贷款比率以及降低流动性错配程度所带来的银行挤兑风险是最直接而有效的措施，学者们对此存在较大的共识。但在应对货币替代风险方面，学者们的态度则较为对立。部分学者认为采取美元化货币政策应当是提高本国金融市场应对外部冲击的有效措施，主要原因在于美元等硬通货在国际贸易与国家间债务中作为主要计价货币、结算货币以及储备货币的地位在短期内仍无法改变，采用美元充当媒介货币的风险更低。与此同时，一些学者也提出为了应对金融市场自由化本身所蕴藏的金融脆弱性风险，延缓甚至终止市场的自由化发展同样是有效的，因为资本市场的过快开放、货币替代程度的不断加深本身也是金融市场脆弱性的重要诱因。这些对策建议对于我国经济发展新常态阶段下的供给侧改革顺利实施颇具参考价值，因为去产能、去库存、去坏账本身就是供给侧改革的重要任务，加强金融监管是保障金融市场能够发挥"促增长"作用的重要基石，人民币与以美元为代表的核心国际货币的相互博弈是合理评估与确定人民币国际化战略步骤与措施的重要前提。

1.3 研究框架与创新点

1.3.1 研究思路与框架

本书主要依据金融发展理论对转型国家的金融发展过程进行系统的讨论和研究，研究范围包括中东欧国家（以波兰、捷克、斯洛伐克、匈牙利和斯洛文尼亚为代表）、俄罗斯和中国。在此基础上，对这些转型国家的金融发展与经济增长之间的互动关系进行分析，由于目前对于转型国家金融发展与经济增长之间内在关系进行系统论述的研究成果并不多见，所以在具体分析过程中，本书主要运用了历史与逻辑相结合的方法，从历史的制度变迁出发寻求逻辑起点与思路；采用理论抽象与经验分析相补充的推论方式，以理论分析为基础，紧密结合转型国家特点梳理其金融发展与经济增长的现实与逻辑关系。

金融发展与经济增长之间的关系是一个复杂过程。因此，本书不仅着力于对转型国家进行总体分析，同时还以全球金融危机为关键节点，以欧债危机为补充约束条件对中东欧五国的金融发展、金融结构与经济增长之间的关系进行重点分析，从中提炼出金融发展的经验教训，并据此探索出一条适合转型国家金融发展促进经济增长的有效路径。通过对我国金融发展、经济增长以及金融脆弱性的研究，提出控制金融脆弱性、保障金融发展安全的具体建议。

本书主要包含如下内容：第 1 章对金融发展与经济增长之间的内在逻辑关系、金融发展评价指标体系的构建以及金融脆弱性进行文献综述。第 2 章阐述了金融发展的主要理论，共包含四个方面的内容：完全竞争金融市场的金融发展理论、非完全竞争金融市场的金融发展理论、强调制度约束的金融发展理论以及基于转型国家实践的金融转型理论。第 3 章探讨了转型初期转型国家金融发展与经济增长实践。在这一章中，本书首先对中东欧国家和俄罗斯转型初期的国家经济增长与金融转型过程进行了概述，而后探讨了转型国家转型初期国家经济增长、汇率与银行私有化进程。此后，重点对转型国家银行业基本状况、经济环境对转型国家银行私有化进程的影响、外资银行对本国金融体系的影响以及转型国家债券与股票市场基本情况进行了比较分析。在第 4 章中，本书对长期中（1993~2014 年）中东欧五国（波兰、捷克、斯洛伐克、匈牙利和斯洛文尼亚）的金融发展及其与经济增长的相关性进行比较分析，主要内容包括两个方面：长期中中东欧五国金融发展比较研究和金融危机前后中东欧五国银行主导金融结构演进与经济增长。第 5 章从金融深化与美元化两个方面对转型国家金融脆弱性进行了分析。第 6 章分析了转型国家金融重构与发展战略。重点研究银行业重构的代价与路径以及中东欧国家与俄罗斯的去美元化战略。第 7 章阐述了中国经济增长与金融发展，主要内容包括中国经济增长与金融发展的典型事实以及"一带一路"背景下我国金融脆弱性的表现与控制。

1.3.2 创新点

1. 对金融发展理论的重新归类

基于文献梳理，与现有研究不同，本书将金融发展理论界定为以下四类：自由的完全竞争金融市场的金融发展理论、非完全竞争金融市场的金融发展理论、强调制度约束的金融发展理论以及基于转型国家实践的金融转型理论。其中，完全竞争金融市场的金融发展理论又包含了金融深化理论和金融结构理论；而内生金融理论和非有效市场金融发展理论则被纳入非完全竞争金融市场的金融发展理论范畴。

2. 对金融发展评价指标的界定与使用

本文依据Čihák et al.（2012）[①]、Sahay et al.（2015）[②] 以及世界银行的研究方法从金融部门和金融市场两个方面设定指标，并具体使用金融深度、金融可进入性、金融效率以及金融安全性四个方面的子指标衡量中东欧五国、俄罗斯和中国的金融发展状况，以此对中东欧国家的金融发展状况进行比较分析。这一分析的创新之处

---

① Čihák Martin. , 2012. Demirguc-Kunt Asli, Feyen Erik & Levine Ross. Benchmarking Financial Systems around the World, World Bank, Policy Research Working Paper, No. WPS6175.
② Sahay Ratna. , et al. 2015. Rethinking Financial Deepening: Stability and Growth in Emerging Markets. IMF Staff Discussion Note, No. SDN/15/08.

在于，虽然如 Levine（2005）所指出的，构建可以直接用来评价金融发展的指标体系这项工作本身充满了挑战，但学术界和国际组织仍然在尝试各种对一国金融发展程度方法和指标进行衡量的探索，因此，我们的研究在一定程度上是对现有关于转型国家金融发展指标评价体系及其比较分析的有益补充。

3. 对金融危机前后中东欧五国金融结构演进的解析

本书另外一个创新点在于以全球金融危机为关键节点，以欧债危机为补充约束条件，分析了中东欧五国的金融结构演进问题。主要内容首先是梳理中东欧五国以银行为基础的金融结构的形成、演变以及后危机时代的调整过程；其次，讨论金融结构演进与经济增长之间的相互影响问题。

4. 基于"一带一路"分析我国金融脆弱性的表现与控制

关于我国金融脆弱性的研究并不少见，但将我国金融脆弱性的表现与控制方法置于"一带一路"这个大背景下进行分析则是一个比较新颖的研究课题。"一带一路"建设为我国实施金融业"走出去"战略并树立"大国金融"形象提供了契机，但与机遇共生的是金融业深化改革的金融风险，而金融脆弱性既是风险的本质体现又是影响金融"走出去"战略实施的制约因素。因此，基于金融脆弱性的内涵，从国内金融深化以及开放经济下的货币替代两个视角去精确解读我国金融脆弱性在当前的表现，是防范金融风险以及在"一带一路"倡议下充分发挥金融助力作用需要尽快解决的核心问题。

第2章 金融发展理论

2.1 金融发展的内涵

早期的金融发展概念来自 Goldsmith（1959）[①] 所提出的金融结构理论，他认为所谓金融发展就是金融结构不断变化的过程。McKinnon（1973）和 Shaw（1973）[②] 的金融深化理论也蕴含了金融发展这一概念的本质，即在发展中国家，金融发展就是金融深化以及金融自由化的过程。无论是金融结构理论还是金融深化理论都强调了金融发展对于提高市场信息透明度以及资本运行效率的作用。在不完全市场中，获取和处理关于潜在投资机会的成本以及将资本从储蓄转移至拥有投资潜力的项目所需要耗费的成本都是巨大的。正是这些真实存在的成本才产生了金融中介部门及整个金融体系。同时政府也努力为国有银行提供包括法律、明确的国家未来发展目标等服务来降低其经营风险，并促进其所积累的存款更为高效地进行分配。但是如果单纯基于弥补市场的不确定性来界定金融发

[①] Goldsmith, R. W. Financial Structure and Development as a Subject for International Comparative Study. Eds in The Comparative Study of Economic Growth and Structure, Published by NBER, 1959.

[②] Shaw, E. Financial Deepening in Economic Development [M]. Oxford: Oxford University Press, 1973.

展的内涵,那显然是过于狭隘了。因此,Merton（1992）[①],Levin（2004）,Merton 和 Bodie（2004）[②] 发展出了更为广义的金融发展的定义,即金融发展可以被界定为金融部门所具有的五个职能的改善,这五个职能包括:生产和处理可能的投资信息并在评估的基础上分配资本;对个人或公司进行监管;促进贸易、多样化并加强风险管理;积累储蓄并使储蓄池流动起来;简化商品、服务以及金融产品的交易。一个国家金融体系是否完善就在于能不能很好地执行上述五个金融服务职能。

2.2 完全竞争金融市场的金融发展理论

完全竞争金融市场的金融发展理论强调金融自由与金融资本积累。二战后,许多国家在追求经济增长的过程中,不同程度地都受到了储蓄不足和资金短缺的制约,而金融发展滞后和金融体系运行的低效无疑是抑制经济发展的深层次原因。在这种背景下金融的非中性作用就开始凸显出来。从 20 世纪 60 年代开始到 80 年代末期,McKinnon 和 Shaw 的金融深化理论和 Goldsmith 的金融结构理论是金融发展理论的重要代表。这一阶段该理论以探讨在现代市场经济快速发展背景下的金融非中性为主线,其特点是"市场化、自由化、全球化"构成金融改革的主流,强调资本积累在经济增长中的作用。

2.2.1 金融深化理论

在金融研究领域,金融深化（Financial Deepening）及其所产

[①] Merton, R. Financial Innovation and Economic Performance, Journal of Applied Corporate Finance, 4, pp. 12 – 22, 1992.

[②] Merton, R. & Bodie, Z. The Design of Financial Systems: Towards a Synthesis of Function and Structure, NBER Working Paper Number 10620, 2004.

生的多种效应在过去 40 年一直是学术界和政策制定者探讨的焦点问题（Mirdala，2011）。[1] 关于金融深化最著名的理论来自 McKinnon 和 Shaw 的研究成果，他们的研究主要关注的是发展中国家的金融业与经济发展之间的内在联系。McKinnon（1973）和 Shaw（1973）认为，利率等金融变量在发展中国家往往受到抑制而难以发挥其作为金融杠杆的功能。现代与传统金融体系与机构并存以及金融市场总体发展水平较低也都是这些国家金融业发展的真实写照。因此，金融深化意味着在发展中国家实行更为多元化的金融制度、更为灵活的利率形成机制以及通过金融市场竞争更好地促进国家经济发展等。

1. 金融深化效应及其理论背景

金融深化效应对国民经济的影响主要体现在就业、储蓄、投资与收入等方面。虽然金融深化概念及其效应的分析是因 McKinnon 和 Shaw 的研究而闻名，但有关金融深化效应的主要观点其实在早期的凯恩斯理论体系中就已有体现（Dornbusch & Fischer，1978）。[2] 在凯恩斯的学说中，所谓的"金融深化"源自政府支出。为了达到充分就业，政府通过扩大支出向经济注入货币。不断增加的政府支出引发了收入与需求的增加，从而加大了对货币的需求。这种非均等性能够通过提高存款利率以增加储蓄从而降低私人投资需求而得到解决。因此，政府支出的增加会促使公共投资的提高与私人投资需求的下降同时发生。但从长期来看，储蓄的增加同时也对未来的私人投资打下了基础。

为了进一步阐述上述效应之间的关系，McKinnon（1973）在前人研究成果的基础上建立了一个实际货币需求函数：

---

[1] Mirdala, R. Financial Deepening and Economic Growth in the European Transition Economies [J]. Journal of Applied Economic Sciences, 2011, 6 (2): 177-194.
[2] Dornbush, R. & Fischer, S. Macro Economics [M]. NewYork: McGraw Hill Book Company, 1978.

$$M/P = L(Y、I/Y、d - p*)$$

这里，M代表名义货币需求，P代表实际物价水平，M/P表示实际货币需求量，I/Y表示投资－收入比率，d为存款利率的加权平均，p*为物价上涨预期，d－p*表示实际存款利率。McKinnon强调，在发展中国家，收入、投资以及实际存款利率与实际现金余额积累之间保持着同方向的变化。因此，对上述效应的不同选择与分析对私人资产选择以及国家经济政策制定都将发挥重要作用。

2. 金融深化的衡量指标

制定衡量金融深化标准的目的在于更为明确而又有序地促进金融业发展不断由行政化运作向市场化运作转型。市场化运作的金融体系一方面能以适当的利率吸收大量的社会闲置资金，另一方面也能以适当的放款利率满足各经济部门的资金需求，从而推动经济的增长和金融体系的扩展。

衡量金融深化的标准大体上有两大类。一类是金融存量指标，如货币供应量，在推行金融自由化政策时，随着金融资产价格的扭曲被消除或缓解，流动性资产会相应增加，资产存量与收入之比也会上升。另一类包括诸如利率等金融资产价格评价指标。在金融抑制的经济中，金融资产的需求被低利率所抑制，初级证券的供给则为信贷配给所限制，甚至场外非法市场也被反高利贷法和政府的管制所制约。但随着金融深化的展开，利率逐渐能准确地反映客观存在的、替代现时消费的投资机会以及消费者对延迟消费的意愿程度。在金融深化的经济中，实际利率的逐步提高，将使各种金融资产利率的差别不断缩小。

3. 金融深化理论的政策主张

金融深化理论带有明显的货币主义色彩，强调完善货币供应机制对经济增长的促进作用。并且，金融深化理论认为金融业是宏观经济中的核心和关键，金融抑制是阻碍经济增长的主要障碍。金融深化政策主张主要包括以下几个方面：

第一，逐步形成利率市场化决定机制。利率市场化运作意味着利率不再直接由货币当局制定，货币的供求关系由市场决定。实践证明，利率市场化形成机制能够提高金融体系运作效率，优化资金配置，促进经济发展。但利率改革不能操之过急，应该将其看成一个不断深化的过程。并且在实施过程中应密切关注短期内商业银行的破产以及通货膨胀问题。这样才能既保持经济稳定增长，又能使持币人获得持续的收益。

第二，引入竞争。在很多发展中国家，低效而又接近垄断的银行体系往往导致借贷成本的增加以及国内金融市场可进入性的大幅降低。引入竞争机制，不仅可以降低交易成本，同时还可以激励金融产品的创新与服务质量的提升。此外，降低银行业准入门槛（例如放宽对外资银行及国内有实力企业的准入限制）将使银行的均衡贷款利率下降，存款利率提升，从而实现货币需求的效用最大化。

第三，管理风险。对不断放开的金融系统进行持续的风险监控是从金融深化中获取收益的重要保障。特别是当非银行中介机构（如钱庄和信用社）快速扩张的时候，银行与非银行机构之间的界限变得日益模糊，国家金融体系的安全性将面临更大挑战。当金融改革日益深入，资本账户日益放开，风险监管对法律的诉求也将更为迫切。Rousseau 和 Wachtel（2007）[1]的研究表明，政府只有在完善法律和制度的前提下逐步放松对资本账户的管制才能从金融改革中获得最大利益。

4. 金融深化理论的缺陷

尽管金融深化理论在过去几十年对发展中国家的金融市场改革提供了较为丰富的理论支撑，但该理论自身的合理性及其政策建议

---

[1] Rousseau, P. L. & Wachtel, P. What is Happening to the Impact of Financial Deepening on Economic Growth? [J]. New York University, Leonard N. Stern School of Business, Department of Economics, Working Paper No. 06 - 15, 2007.

的有效性仍然需要时间的进一步检验。首先，不同于主流学者的观点，一些学者如 Arestis 和 Demetriades（1997）[①]认为，金融深化能够促进发展中国家经济增长的这一结论是因国家而异的，不能一概而论。其次，金融深化的目的在于促进资本市场流动性的增强，解决资本积累不足，并充分发挥市场合理配置资源的作用，从而促进经济的增长。但伴随着越来越自由化的市场运作，非银行资本的不断涌入，金融资本过度积累问题会从另一个角度产生负面影响，即对金融市场以及国家经济增长基本面的稳定性产生不利影响。因此，金融深化不仅会促进经济的发展，同样也会限制经济的发展。

2.2.2 金融结构理论

Goldsmith（1959）的金融结构理论认为，在过去 10 年间金融部门在国民经济发展中的作用被大大低估了，因为金融部门至少可以通过以下两个路径对国民经济结构及其发展产生影响：第一，从亚当·斯密开始，国家或跨国的劳动分工就被经济学家当作一个重要的工具去解释经济的快速增长，而劳动分工的细化程度离不开货币经济的快速发展；第二，产品价格和劳动者工资收入水平的变化也离不开货币及货币政策的发展。在哈罗德经济增长模型中储蓄率是判断国家经济增长速度的重要指标，但我们也不应该忽视该模型中的资本产出比指标，该指标同样是一个重要的工具被经济学家广泛采用，其中资本的积累被认为主要来源于储蓄，但储蓄过程不正是资本积累的过程吗？

Goldsmith 提出的金融结构概念包含下面一些指标，即国家资产负债表中的金融相关比率（financial interrelations retio），部门资产负债表中的无形资产与有形资产的比率，基于代理关系的所有者

[①] Arestis, P. & Demetriades, P. Financial Development and Economic Growth: Assessing the Evidence [J]. The Economic Journal, 1997, 107 (442): 783–799.

权益与企业管理人员控制资产之间的比率,资产负债率与净资产负债率,内部融资与外部融资比率,工资与货币交易速率,不同类型资产交易速率,价格敏感资产(有形资产和所有者权益)与固定价值资产间的比率,金融媒介占总无形资产比率,金融部门集中度,金融部门专业化程度,财富的分配,大型企业所有权的分配,储蓄,财产性收入占总收入比重,资产价格变动以及资产与资产价格和投入产出价格之间的关系,利率变动及其差异性,资本输出与国内储蓄的比例以及外国投资与本国财富的比率。

Goldsmith的金融结构理论是在设定以下几个假设的基础上得出的:第一,非共产主义国家的金融市场发展都会经历极为相似的阶段。第二,金融相关比率会随着国家金融发展而上升,但比值接近或超过一时开始下降,除非该国出现了一些特殊情况,例如战争或正在进行货币制度改革。金融相关比率是广义上的评价一国金融结构以及金融部门在该国经济总量中的比重或密度的指标,它通常用该国国家资产负债表中的无形资产与有形资产的比例来表示,此外也是将该国货币收入与非货币收入之比作为补充的计算方法。第三,国家金融部门资产占国家总资产的比重会持续上升,直到金融资产关系比率开始下降时才会下降。第四,在金融发展的初级阶段,银行系统资产占无形资产比重会持续上升,但在中后期会下降。第五,货币(硬币和银行支票)占国民财富的比例在初始阶段会上升,然后会下降并保持稳定。第六,在金融发展过程中,间接存款和通过金融部门的间接融资的增长是以直接融资(例如售卖企业资产或政府债券)为代价的。

综上所述,Goldsmith提出的金融结构理论主要探讨了以下两个方面的问题:第一,提出并分析了金融结构概念。各国金融机构的差异能够反映其金融发展的程度,为此提出包括"金融相关比率"在内的若干定量指标来衡量金融结构状况。第二,揭示金融发展的内在演化路径,即各国金融结构不同,但金融发展的趋势是相似的。Goldsmith 的理论通过总结金融发展的规律，揭示了金融结构变化以及金融发展、外部金融与经济发展之间的关系等方面的内容。

但经济学家白钦先（2005）[①]对 Goldsmith 的结构理论提出了两点质疑：一是以偏概全，即将金融机构与金融工具或金融资产相对规模这一特殊结构当作金融结构的一般结果，忽视了金融结构的复杂性；二是提出这种特指的金融机构与金融工具的变迁即是金融发展，这是一种量性金融发展观，是一种只强调量性金融发展而忽视质性金融发展的片面金融发展观。据此，白钦先提出了"金融相关要素的组成、相互关系及其量的比例"的一般金融结构观，并提出了金融结构变迁并不必然就是金融发展，只有质性发展与量性发展相统一并以质性发展为主的金融结构变迁才是金融发展的金融结构与金融发展观。

在阐述金融结构与经济发展之间关系这个问题上，经济学家林毅夫等（2009）[②]提出了"最优金融结构"的概念，认为如果政府遵循要素禀赋结构所内生决定的比较优势来制定产业技术发展战略，则会尊重市场机制在资源配置中的基础性作用，以形成反映要素稀缺程度和社会偏好结构的价格体系，使微观经济主体自主选择适宜的技术、产品和产业，实体经济对金融服务的需求则会诱发相应的金融制度安排的创新和发展，此时与要素禀赋结构所决定的最优产业结构相适应的最优金融结构就会形成。这种与实体经济对金融服务的需求相适应的金融结构是最优的，能够有效地发挥金融体系动员资金、配置资金和降低系统性风险的功能，促进实体经济的发展。此外，处于不同发展阶段的经济体具有不同的要素禀赋结构

[①] 白钦先：《金融结构、金融功能演进与金融发展理论的研究历程》，《经济评论》2005年第3期，第39~45页。
[②] 林毅夫、孙希芳、姜烨：《经济发展中的最优金融结构理论初探》，《经济研究》2009年第8期，第4~17页。

和相应的最优产业结构,因此,不存在适用于所有经济发展阶段和所有经济体的最优金融结构,每个经济体在一定发展阶段都有各自的最优金融结构。这种内生的最优金融结构是客观的,也是动态的,随着该国经济的要素禀赋结构和产业技术结构的提升、企业规模和风险特性的变化而演变。

2.3 非完全竞争市场的金融发展理论

崇尚金融自由的完全竞争市场金融发展理论的假设在实践中多次被证明是脱离实际的。这些假设大多来自 Samuelson 和 Fama 所提出的"有效市场理论(efficient markets hypothesis, EMH)"。Fama(1970)[1]将"有效市场"界定为能够反映所有可能信息的市场。在这个有效市场中,信息不灵敏的市场参与者将无法从那些信息灵敏者那里获得利润。"有效市场理论"认为完全竞争的金融市场能够引致资源配置的帕累托最优。但 Farmer, Nourry 和 Venditti(2012)[2]却认为,金融市场是完全竞争的这一假设脱离了社会现实,并且完全竞争的金融市场一般是不能引致帕累托最优的,除非是在偶然的状态下。实际上,关于"有效市场理论"的合理性争论在 20 世纪七八十年代就已经开始了。学者们重点讨论的话题是为什么有些国家能够形成有利于经济发展的金融市场,而另外一些国家则不能,即为什么有效市场理论在一些国家的实践中是以失败告终。至此,一些经济学家开始探讨金融市场到底是如何形成的,即金融市场的内生发展理论。

---

[1] Fama, E. F. (1970)., Efficient Capital Markets: A Review of Theory and Empirical Work, Journal of Finance, 25 (2), 383-417.
[2] Farmer Roger E. A., Nourry C. Venditti Alain., The Inefficient Markets Hypothesis: Why Financial Market do not Work Well in the Real World, NBER Working Paper, No. 18647, December 2012.

2.3.1 内生金融理论

1. Arrow-Debreu 内生金融理论

金融市场的内生发展理论的基础要回溯到 Arrow-Debreu 金融发展理论，有些学者称之为古典金融内生发展理论。金融内生理论的创立源于金融交易过程中广泛存在的不确定性因素和信息不对称因素而产生的交易成本。但 Arrow-Debreu 的古典内生理论仍然是将一般均衡理论推广至不确定经济中，指出即使是在不确定的经济中，作为投资者联合体的金融中介也能够有效降低信息不对称，金融市场通过对投资者信息的搜寻和披露可以缓和信息不对称，并且金融功能中降低信息不对称的机制越完善，金融发展就越好（江春、许立成，2006）。[①] 不过，Farmer, Nourry & Venditti（2012）认为，Arrow-Debreu 的内生金融理论仍然是无摩擦的金融市场理论，这种理论被证明仍然是偏离实际的，在这个理论中，金融中介没有存在的必要性。但 Arrow-Debreu 内生金融发展理论之所以一直被称为内生金融理论的一部分，重要的原因还在于该理论并不否认金融市场中交易成本的存在，并且交易双方能够通过获得充足的信息去降低交易成本，而获得信息的方式或途径即在于金融市场的存在，因此金融市场的生成并不是外生的。

2. 金融中介理论

Arrow-Debreu 的内生金融理论主要考察风险管理、交易成本、信息不对称等与金融发展的关系，还没有明确提出金融中介的概念。Bencivenga 和 Smith（1991）[②] 发表的 *Financial Intermediation and Endogenous Growth* 一文则明确提出了金融中介以及金融市场是

[①] 江春、许立成：《内生金融发展：理论与中国的经验证据》，《财经科学》2006 年第 5 期，第 1~8 页。
[②] Bencivenga, Valerie R., Smith, Bruce D., *Financial Intermediation and Endogenous Growth*, The Review of Economic Studies, Vol. 58, No. 2 (Apr., 1991), pp. 195 – 209.

经济发展内生需要的概念。Bencivenga 和 Smith 指出，在过去的若干年中，关于经济发展和工业化的文献都已经证明了金融中介的发展程度是决定一国或一地区经济增速的重要决定因素，但在一般均衡理论中金融中介将如何影响经济发展还没有一个专门的理论去进行全面的解释。他们所提出理论中的金融中介主要指的是银行，并指出银行的中介职能主要包括：接收存款并向更大量的其他中介代理机构发放贷款；持有的流动性储备可以防范未来可预计的挤兑风险；发行债券；削减自我融资的投资需求，特别是通过提供流动性，银行允许避险储户持有银行存款而不是流动性资产。通过上述职能，银行所获得的资金将广泛应用于生产性投资。相对于一个没有银行这一中介的经济，银行将大大削弱社会个体独自承担不可预期的流动性缺失的风险。最后，通过减少自我融资方式的投资，银行可以防止企业家减少不必要的投资性流动性需求。总而言之，金融中介可以更好地为一国或一地区经济提供生产性流动性，并降低由于流动性流入非生产性领域而造成的资本浪费。可以说，金融中介能够更为高效地对存款进行合理的分配，如果这种分配能够促进经济增长，那么可以说金融中介的存在促进了经济的更快增长。这个结论验证了金融中介是经济增长内生需要这一观点，即储蓄能够影响经济增速，换言之，金融中介的发展将能够促进资本积累，而资本的积累能够提升经济增速（Romer，1986[1]；Prescott & Boyd，1987[2]；Lucas，1988[3]）。

Bencivenga 和 Smith 的金融中介理论存在六个假设条件。第一，

---

[1] Romer, P. M. (1986), "Increasing Returns and Long-Run Growth", Journal of Political Economy, 94, 1002 – 37.

[2] Prescott, E. C., and boyd, J. H. (1987), "Dynamic Coalitions, Growth, and the Firm", in Prescott, E. C. and Wallace, N. (eds.), Contractual Arrangements for Intertemporal Trade (Minneapolis: University of Minnesota Press).

[3] Lucas, R. E., Jr. (1988), "On the Mechanics of Economic Development", Journal of Monetary Economics, 22, 3 – 42.

之前的金融市场发展大多被看作外力与政府政策外生形成的（代表理论是麦金农和肖的金融深化理论）；第二，在相对欠发达经济体中，银行构成了金融市场的核心要素，证券和债券市场的份额和作用很小；第三，投资与利润回收之间存在迟滞，这种迟滞将引起投资者对不可预期的未来流动性的需求，从而降低进一步投资（即进一步资本积累）的规模；第四，在缺少银行等金融中介的经济中，投资渠道大多是自我融资；第五，银行的作用在于改善储蓄的使用，从而向生产性领域投入更多的流动性；第六，金融市场越发达的经济体的经济增速越快。

该金融中介理论是一个三期的世代交叠模型，模型中所有金融中介（包括银行）既能够接触到不直接作用于生产的投资，又能够接触到能够形成生产资本的流动性投资。由老人（企业家）和年轻人（年轻劳动者）提供的资本将被用于生产消费品。由于决定进行储蓄的年轻人也可能会面临其投资必须在不同时期（即一期之后）进行偿付的可能性，因此，银行等金融中介组织将会形成，并为储户提供流动性，同时还可以凭借雄厚的流动性储备（相对于自给自足的金融体系中的个人）去防范个人流动性的不足，以及大量个体在未来可能出现的挤兑流动性的风险（Diamond & Dybvig, 1983）。[①] 资本更有效地流入生产性部门，而生产性部门的外部性有利于提升经济均衡增长率，这就是金融中介存在的重要意义。

2.3.2 非有效市场金融发展理论

无摩擦的 Arrow-Debreu 模型所解释的现实生活中的资产价格波动被界定为"过度波动"（excess volatility）。但国外的一些学者以

[①] Diamond, D. and Dybvig, P. (1983), "Bank Runs, Deposit Insurance, and Liquidity", Journal of Political Economy, 85, 191-206.

股票市场为例，认为股票市场过于波动以至于无法用完全竞争的有效市场理论以及无摩擦的金融市场理论所提出的资产定价方程来解释（Leroy & Porter, 1981[1]；Shiller, 1981[2]）。为了解释金融市场的过度波动，一些学者提出了金融摩擦概念，这一概念此后受到前所未有的重视，其原因直接来源于国际经济中的几次金融危机，特别是2008年起源于美国的全球金融危机。Christiano，Motto和Rostagno（2012）[3]提出了一个风险冲击（Risk Shock）模型，该模型在经济增长的动态随机一般均衡模型中加入了金融部门，这种模型可以用来解释类似于全球金融危机这种影响大、范围广的金融危机发生的原因，并且他们认为正是这种风险冲击的存在才引致了经济的循环发展。但是Farmer，Nourry和Venditti（2012）却提出，金融摩擦无法充分揭示现实世界中随机贴现率大幅度波动（例如全球金融危机期间美国贴现率的多次下降）的原因。他们的模型不依靠金融摩擦、市场的不完全性或交易成本，相反，却对一个简单的随机金融中介模型进行了修改以允许金融中介成为一个跨期的概念，并且允许不同金融中介贴现率不同。这个模型被他们称为非有效市场理论。跨期和不同贴现率两个因素的加入使得无限期的Arrow-Debreu模型中所蕴含的可以通过充分市场竞争去分解交易风险的内涵变得没有意义。因此，非有效市场理论认为，金融市场的本质不可能是帕累托最优的，除非是在极其偶然的情境下。这个模型再现了真实世界中随机贴现率的波动。为什么说世代交叠模型中的均衡是无效的，这主要源于两个原因：第一，动态无效性的存在在于金融中介与商品的数量都是无限的；第二，太阳黑

---

[1] Leroy, S., and R. Porter (1981): "Stock Price Volatility: A Test based on Implied Variance Bounds," Econometrica, 49, 97–113.
[2] Shiller, R. J. (1981): "Do Stock Prices Move too Much to be Justifed by Subsequent Changes in Dividends?," American Economic Review, 71, 421–436.
[3] Christiano, L., R. Motto, and M. Rostagno (2012):" Risk Shocks", Northwestern University mimeo.

子理论①的无效性（sunspot inefficiency）在于金融中介无法给其之前发生的事件上保险。世代交叠模型能够带来动态非有效均衡，原因在于如果金融中介能够在期初进行交易，那么非随机世代交叠模型所包含的均衡状态也是动态非有效的。此时，第一福利定理失效，因为所有参与交易的个体的福利都是有限的，即使整个社会的福利是无限大的（Shell，1971）。② 换句话说，完全竞争市场经济的一般均衡都是帕累托最优的这一阐述是失效的，也可以理解为如果企业都追求利润，每个个人都追求自己的效益最大化，市场自然就可以达到一个社会最优的资源配置这一阐述是失效的。

2.4 强调制度约束的金融发展理论

无论是崇尚自由竞争的金融理论（例如金融深化理论）还是坚持非完全竞争的金融理论（例如金融中介理论），无论是有效市场理论还是非有效市场理论，这些金融理论的研究焦点都没有集中到金融市场发展过程中的制度（法律制度、产权制度以及政治制度）约束问题上。一些发展中国家在缺乏制度保障的形势下盲目进行自由化改革，结果导致金融体系暴露在系统性金融风险下。在一个缺少完善契约制度和监管制度的国家中，金融的自由化会导致银行破产，因为这些银行以前在政府的庇护下生存而没有独立生存能力（Demirguc-Kunt & Maksimovic1999③；Detragiache，Gupta &

---

① 太阳黑子理论由英国经济学家杰文斯（W. S. Jevons）于 1875 年提出。太阳黑子理论把经济周期的波动性归因于太阳黑子的周期性变化。太阳黑子理论认为太阳黑子周期性地造成恶劣的气候，使农业收成不好，影响了工商业，从而使整个经济周期性地出现衰退。太阳黑子的出现是有规律的，大约每十年出现一次，因而经济周期大约也是每十年一次。

② Shell, K. (1971): "Notes on the Economics of Infinity," Journal of Political Economy, 79, 1002 – 1011.

③ Demirguc-Kunt, A. and Maksimovic, V., 1999, Institutions, Financial Markets, and Film Debt Maturity", Journal of Financial Economics, Vol. 54, pp295 – 336.

Tressel, 2005[①])。实际上上述表述也是一种金融市场非有效性的观点，只不过，上述作者的观点是从金融市场形成与发展的制度因素角度出发进行的论述。

Chinn 和 Ito（2005）[②] 指出，在一些经济体中，如果法律制度不能保障合同的执行，金融中介给企业贷款的意愿将受到限制。对债权人的法律保护、信用等级以及财务的透明度都会影响金融中介的决策。制度与金融发展的联系对于新兴经济体的政策制定者更为重要，特别是在放松对跨境金融交易的限制方面，其中重要的决策因素就在于国家与国家间的金融交易是否是在制度的框架下进行。本国金融体系的对外开放将对本国的资本市场，乃至整个金融市场的发展产生重要的影响，开放程度越高，影响越大。但能够获得最大正面影响的唯一前提在于本国金融体系的完善。

在谈到法律对私有产权、合同、保护投资人以及金融发展作用的时候，一些比较法专家认为，世界上最重要的一些法律体系都起源于欧洲，并推广至全世界，其中英国普通法（British common law）、法国民法（French civil law）、德国民法（German civil law）以及斯堪的纳维亚民法（Scandinavian civil law）的影响最为深远，并且绝大多数国家的现代商法体系都来源于上述四部法律（Beck & Levine, 2003）。[③] 因此，法律制度起源的不同能够解释在金融发展中为什么不同国家对法律与金融发展之间的关系会有不同的解释（La Porta, et al., 1998）。[④]

法律对金融发展的影响可以通过政治制度和适应性机制两个途

---

① Detragiache, E., Gupta, P. and Tressel, T., 2005, "Finance in Lower-Income Countries: An Empirical Exploration", International Monetary Fund Working Paper, WP/050167.

② Chinn Menzi D., Ito Hiro. What matters for financial development? Capital Controls, Institutions, and Interactions. NBER Working Paper 11370, 2005.

③ Beck Thorsten, Levine Ross. Legal Institutions and Financial Development, NBER Working Paper No. 10126, 2003.

④ La Porta, R., Lopez-de-Silanes, F., Shleifer, A., Vishny, R. W., 1998. Law and finance. Journal of Political Economy 106, 1113 – 1155

径产生。政治制度对金融发展的影响也基于两个前提：一是法律传统在保护私有投资人利益与公有投资人利益时的侧重点有所不同；二是私有产权保护形成了金融发展的基础。政治制度主张民法应支持维护国家的利益而非所有产权，这与普通法正好相反（Beck & Levine, 2003）。在民法占主导地位的国家里，强有力的政府试图根据行政权力去分配社会资源，而不是根据具有竞争性的金融市场去分配，这实际上也是政府对金融市场发展的干预与阻碍。因此，法律与金融理论认为民法国家对产权保护的力度较弱，并且金融发展的层次较低（La Porta, Lopez-de-Silanes, Shleifer and Vishny, 1999）。[1] 相反，普通法则偏重对私有产权的保护，因此更为有力地促进了金融市场的发展（Rajan & Zingales, 2003）[2]。连接法律与金融发展的第二个机制是适应性机制，这个机制的建立也有两个前提：一是法律体系在应对变化时的表现是不同的；二是如果一个国家的法律体系应对变化的速度较慢，那么经济发展所需要的金融支持与法律体系所能够提供的这种支持之间的差距会不断扩大。支持案例法和司法自由量裁权的法律体系比恪守形式主义程序以及严格依赖成文法量裁的法律体系更容易快速地应对不断变化的金融环境（Beck & Levine, 2003）。低效的法律制度在法庭上受到了严峻的挑战，这使得诉讼程序的改善能够提高法律的应用效率（Pistor & Xu., 2002）[3]。当然也有一些学者对法律在金融体系发展中的作用提出了质疑，其中首要的一条就是将各国的法律简单归类为上述四种法律体系是否合适。例如，当法国的民法体系被引进到法国的殖民地之后，其使用的效率比在法国本土大

---

[1] La Porta, R., Lopez-de-Silanes, F., Shleifer, A., Vishny, R. W., 1999. The Quality of Government, Journal of Law and Economic Organization 15, 222 - 279.

[2] Rajan, R. G., Zingales, L., 2003. The great reversals: the politics of financial development in the 20th century. Journal of Financial Economics, 69.

[3] Pistor, K., Xu, C., 2002. Law enforcement under incomplete law: Theory and evidence from financial market regulation. London School of Economics Working Paper No. TE/02/442.

打折扣（Merryman，1996）。[1] 此外，一些质疑声音还表示，是政治制度而非法律体系的传承决定了投资人保护法的发展程度、私人合同的执行力度以及有竞争性的金融市场的发达程度（Pound，1991[2]；Haber，et al.，2003[3]）。甚至还有一些观点认为是各国不同的文化而非法律制度在金融市场形成的过程中发挥了核心作用。Stulz和Williamson（2003）[4] 提出，不同种族有不同的对待债权人权利的态度，特别是天主教，其对待债权和凭借债权人地位而获得的利息本身就持有否定的态度，此外古兰经也反对向债权人支付利息。因此，在信奉上述宗教的国家，信用市场发展的程度相对较低。

2.5 基于转型国家实践的金融转型理论

转型意味着资源配置的变化，其中金融市场资源配置效率的提升是重要的转型难题之一。市场取代中央计划作为资源配置系统，经济会变得更有效率，同时也会引起部门的再配置。那么部门的再配置是否存在最优速度？答案是肯定的。从目前来看，热若尔·罗兰的《转型与经济学》[5] 是国外关于转型研究最为全面和具体的一部专著，也是转型经济学的第一部综合性著作。该书的第二编考察了从计划到市场转轨过程中市场缺位情况下自由化对社会稳定和经济发展的冲击，并且重点研究了资源配置的最优速度以及价格自由

---

[1] Merryman, J. H., 1996. The French Deviation. The American Journal of Comparative Law 44, 109–119.
[2] Pound, J. 1991. Proxy voting and the SEC. Journal of Financial Economics 29, 241–285.
[3] Haber, S. H., Razo, A., Maurer, N., 2003. The Politics of Property Rights: Political Instability, Credible Commitments, and Economic Growth in Mexico, Cambridge, UK: Cambridge University Press.
[4] Stulz, R. Williamson, R., 2003. Culture, openness, and finance. Journal of Financial Economics, forthcoming.
[5] 〔比〕热若尔·罗兰：《转型与经济学》，张帆译，北京大学出版社，2002。

化及对产出的影响等问题。刘万明（2010）[1]也提出，经济转轨由实体经济转型、政府经济职能转型和金融转型构成，这三大转型相互关联，其中任何一个缺失或者它们之间的不协调，都会导致经济转轨的失败或者低效。

进入20世纪90年代以来，发生在欧洲、东亚、拉美转型国家的金融改革和发展的实践为研究工作提供了丰富的素材，以此为基础，金融发展理论出现了一个新的研究方向：金融转型（郭竞成，2005）。[2]所谓金融转型，是指原中央计划经济国家在向市场经济转轨过程中，为适应市场经济需要而在金融领域发生的具有明确目标导向的巨大而深刻的变化，从本质上讲，金融转型包括金融制度变迁和金融发展演进两个方面。金融是现代经济的核心，同时鉴于转轨国家转轨之初的金融发展水平十分落后这一现实，可以认为，金融转型是转轨国家经济转轨的核心构件（刘万明，2010）。金融转型理论基础主要包括经济转型理论、西方货币理论以及金融发展理论。但不可否认的是，目前金融转型理论还缺乏具有广泛接受度的代表性研究成果。

郭竞成（2004）[3]的研究表明，以集中计划的金融体制为起点的金融转型明显地表现为初级与高级两个阶段，并且金融转型在不同阶段，转型的动力机制、金融结构、银行中介与金融市场的相对重要性也不尽相同。转型初级阶段，银行中介有优势，在转型高级阶段，金融市场有优势。但值得注意的是，金融市场在经济活动评估方面的比较优势，只有当经济发展到较高阶段时才能够充分发挥，其暗含的推论是在经济尚未发展到高级阶段前，银行中介相对

---

[1] 刘万明：《金融转型比较研究：中东欧与独联体转轨国家》，《云南财经大学学报》2010年第5期，第67~74页。

[2] 郭竞成：《西方金融转型研究的检讨与综合》，《经济社会体制比较》（双月刊）2005年第1期，第127~133页。

[3] 郭竞成：《金融转型的比较制度理论与中国实证：以外在货币模型为起点的逻辑演绎》，浙江大学博士学位论文，2004，第4页。

于金融市场具有比较优势。所以,技术进步处于顶峰阶段的国家在发展银行系统的同时,金融市场也得到了很好发展;发展中国家应加快银行体系的发展,以此带动金融市场发展。银行体系发展建立在成熟技术的专业化基础上,同时也取决于企业在公平竞争市场中的运作。银行的发展能够为资源的有效分配和经济增长提供有力支持(Levine,2000[1];Abel &Bonin,2000[2];易纲,郭凯,2002[3])。

王广谦(2008)[4]结合中国的实际提出金融转型需要解决好以下四个方面的问题:建立多元化金融机构体系和建立现代企业制度;保障金融市场的合理发展;确定合理的货币数量、结构、货币价格、汇率和形成机制;确保转型中的金融稳定与安全。而王志远(2012)[5]在具体研究中东欧国家金融转型的时候提出,中东欧国家金融体系在转型初期的核心任务是支持经济转型,确保转型不发生逆转,因此金融转型受到了经济转型初期经济滑坡的影响,金融转型这项任务只能延缓。但随着经济的不断复苏(特别是波兰、匈牙利、捷克、斯洛伐克等国家),金融转型已经不再受经济转型的制约,转而成为促进经济转型的重要手段,是改善财政收支、提高金融效率、保障银行安全的必由之路,金融自由化亦成为这些国家的重要经济发展战略之一。

---

[1] Levine, R., "Bank-based or Market-based Financial System: Which is Better?", mimeo, university of Minnesota, 2000.
[2] Abel I. Bonin J. "Ratail Banking in Hungary: A Foreign Affair", Williamn Davidson Institute Working Paper No. 356, 2000.
[3] 易纲、郭凯:《中国银行业改革思路》,《经济学季刊》2002年第1期,第55~59页。
[4] 王广谦:《金融改革:"转型"与"定型"的现状与未来》,《金融研究》2008年第1期,第17~28页。
[5] 王志远:《中东欧国家金融转型的回顾与反思》,《俄罗斯中亚东欧市场》2012年第9期,第1~7页。

第3章 中东欧国家及俄罗斯金融发展与经济增长实践

3.1 中东欧国家及俄罗斯经济增长与金融转型总体概述

转型国家金融发展的前提是经济体制的转型,即从计划经济体制向市场经济体制的转型。在经济体制转型的过程中,Fisher和Sahay(2000)所倡导的新自由主义经济学认为私有化、市场化与稳定化政策是保证转型期经济增长的三个基石。[①] 而转型国家金融发展的第一阶段往往被看作转型国家金融转型的初始阶段,也是作为对经济转型的配合性措施而已,是被动的选择和过程。本章亦主要基于私有化、市场化与稳定化政策三个角度去探讨中东欧及俄罗斯等转型国家的经济增长与金融发展问题。

首先,私有化过程指的是国有企业经评估后作价向私人出售,其主要目的有两个方面:回笼资金以支持政府财政收入,以及缓解原有企业对银行贷款中的坏账而给银行业带来的巨大损失。转型国家银行也同样经历了私有化的过程。在转型初期,各国普遍经历了高通胀时期,此时银行并不愿给企业贷款,而更愿意在外汇市场上

---

① Stanley Fischer, Ratna Sahay The Transition Economies After Ten Years [R]. NBER Working Papers, No. 7664. April, 2000.

倒卖外汇以赚取差价,并从中获利。此外,银行私有化过程还没有摆脱作为财政工具的性质。

其次,市场化进程可以被描述为价格的放开导致通货膨胀的恶化,央行在转型初期的核心工作是控制货币流通,降低通胀率。中东欧国家控制通胀的表现要好于俄罗斯。为了控制通胀,这些国家普遍采用了财政紧缩政策和通货紧缩的货币政策,从而导致经济停滞或衰退。除波兰外,捷克、匈牙利和俄罗斯的经济产出最高值都出现在1989年,转型后分别于1992、1993和1998年降至最低值,仅仅相当于最高值时的15.4%、18.1%和45.1%。波兰经济产出最低值出现在1991年,最高年份为1998年,经济恢复速度最快,转型后第六年的产出占转型前一年的110%,1998年更是达到了转型前一年产出份额的123%(见表3-1)。

表3-1 1989~1998年转型国家的产出表现

国家	最高年份	最低年份	最低年份占最高年份百分比(%)	降至最低点后的年平均增长(%)	1998年占转型[①]前1年的份额(倍)	转型后第6年占转型前1年的份额(倍)
波兰	1998	1991	13.6	5.2	1.23	1.10
捷克	1989	1992	15.4	2.0	0.97	0.99
匈牙利	1989	1993	18.1	3.0	0.95	0.87
俄罗斯	1989	1998	45.1	—	0.61	0.61

注:①转型年指该国社会主义制度瓦解,并从计划经济体制开始向市场经济转型的那一年。

资料来源:Stanley Fischer, Ratna Sahay The Transition Economies After Ten Years [R]. NBER Working Papers, No.7664. April, 2000.

为了防止经济停滞,中东欧各国及俄罗斯不得不采用扩张性财政和货币政策,这又恶化了通胀水平。如何平衡政策,如何治愈通胀,这就需要采取"稳定化政策",目的是既让价格真正成为市场资源分配的有效工具,又要兼顾降低通胀水平(见表3-2)。

表 3-2　1989~1998 年转型国家稳定化政策与通胀表现

国家	采用稳定化政策年月	采用稳定化政策前的通胀水平	汇率制度	最高年度通胀水平	最高通胀水平产生的年份	通胀水平降至50%以下水平的年份	当前汇率制度	1998年通胀水平
波 兰	1990.1	1096	固定	640	1989	1992	浮动	8.5
捷 克	1991.1	45	固定	52	1991	1992	浮动	6.8
匈牙利	1990.3	26	固定	35	1990	—	浮动	10.6
俄罗斯	1995.4	218	浮动	2510	1992	1996	浮动	84.4

资料来源：Stanley Fischer, Ratna Sahay The Transition Economies After Ten Years [R]. NBER Working Papers, No. 7664. April, 2000.

上述分析的结论在于需要经济增长来创造一个有利于国家经济体制转型与金融体制转型的良好的宏观经济环境，而经济增长则是一切的基础。经济基本面向好，经济增长复苏将推动金融转型主动向金融深化和金融自由化转变，这也成为转型国家金融转型的第二阶段，即主动转型阶段，或金融深化阶段。此阶段的主要工作包括两个方面：第一，经济转型期，虽然经济增长陷入停滞，但国民福利水平却没有下降，因此财政支出压力大增，为此，政府不得不发放债券以缓解收入危机。此时，商业银行作为政府财政收入的平台被鼓励大量购买政府债券以避免福利水平的下行。第二，商业银行提高存款利率以吸收存款，同时提高向企业的贷款利率，目的在于夯实银行运营资金基础，并主动寻求经营思路上的转型。但这也加重了企业融资成本。因此，能够获得贷款的企业必须要有一定的前期积累，有良好的发展前景，这在转型初期是企业难以完成的任务。综上所述，金融深化必须要具备三个条件：经济转型成功、财政收支平衡、金融转型是金融企业以及金融体系的主动诉求。

金融转型的第三阶段为金融市场的对外开放，主要工作包括三个方面：吸收外资进入银行成为股东；吸收国内资金投资金融银行体系；降低外资银行准入条件（王志远，2013）。① 这三方面工作的主要目的，一是在于减少金融体系资金不足的压力，提高银行业管理水平；二是对于经济增长也起到了稳定器的作用，因为外资将转型国家转型中的经济衰退看成一种机会，不仅不会撤资，反而会增加投资。但外资大量涌入银行系统也带来了严重的美元化现象，这主要体现为居高不下的外债水平、货币政策受到外资母国的影响严重、经济主导权的逐步丧失。去美元化也成为转型国家金融转型不得不面对的问题或不得不思考的应对措施。

王志远（2013）认为俄罗斯金融发展过程中金融转型的维度应包括五个主要方面：金融体系改革、证券市场的建立、利率市场化、货币的可自由兑换以及自由浮动汇率制度。首先，金融体系改革仍然是辅助俄罗斯经济体制改革的工具，而非核心任务或目标，这与中东欧国家非常类似。例如，在经济衰退期，商业银行大量购买国债以支持财政收入，银行信贷取决于中央宏观决策并落实在财政计划中等。俄罗斯的银行私有化改革结果如下：不愿贷款给企业，因为贷款收益率较低，在高通货膨胀期更是如此；由于银行建立之初的初始资金来自大企业，因此又依附于大企业，从而产生了类似"金融工业集团"的实体经济与银行业的垄断组织，同时垄断实体经济和虚拟经济，这样非常不利于中小企业的发展；大量资金用于在外汇市场倒卖外汇赚取差价，当然这也导致了美元化问题日益严重。企业私有化的过程需要发行股票，国债的发行需要二级流通市场以支持财政收入，两者都需要建立证券交易市场。但建立之初，市场尚不成熟，虚假消息，内幕交易频发。利率的市场化会引发商业银行提高贷款利率，力图获得高的贷款收益，但一旦企业破产（这在转型之初是多发现象），银行亦跟着倒闭。卢布的可自

---

① 王志远：《金融转型：俄罗斯及中东欧国家的逻辑与现实》，社会科学文献出版社，2013。

由兑换始于1992年，汇率波动很大，卢布兑美元持续贬值，引发对美元的依赖愈发强烈，带来了日益严重的美元化问题。2002年，俄罗斯出台《外汇调节法》限制资本外逃，2006年卢布实现可自由兑换，同年，俄罗斯建立了自由浮动汇率制度。俄罗斯金融转型的教训主要表现为以下几点：（1）利率市场化不能过快；（2）控制通胀是首要任务；（3）应建立完善的税收机制以保证财政收入，否则银行将成为政府创收的工具或途径；（4）在货币可自由兑换的过程中应使经常项目在流通领域先开放，然后才是资本账户的开放；（5）金融改革的前提是经济增长在相当长的时间内保持在良好的基本面上，这是金融改革的时机问题；（6）金融转型方案的选择应以主动选择为主，而非被动选择。俄罗斯选择了市场主导型金融发展模式（以美国为主，即企业通过证券市场融资）和银行主导型金融发展模式（以德国为主，即企业通过银行完成贷款和融资）的双重模式。

比较而言，中东欧经济转型的国家，无论是采用"休克疗法"的波兰，还是采用"渐进式"路径的匈牙利，都采用了稳定化、自由化、私有化与制度化四方面的政策措施，区别仅在于经济改革的顺序以及改革的力度上，具体而言有以下几个方面的差异：（1）剧变之前的市场化改革程度不同；（2）宏观经济政策紧缩力度不同；（3）价格自由化与贸易自由化步骤不同；（4）实行货币可兑换性步骤不同；（5）私有化的方式不同（李建民，2014）。[1] 虽然剧变之初，中东欧国家都经历了经济增长水平的大幅下降，但波兰于1992年，匈牙利于1994年，经济开始呈现正增长，开始复苏。经济体制采取何种模式主要根据各国的具体国情。波兰在剧变前所进行的市场化改革时间相对较短、成果不显著，因此更容易实施与现

---

[1] 李建民等：《俄罗斯东欧中亚经济概论》，中国社会科学出版社，2014，12，第359～365页。

状不同的"休克疗法"以遵从国民改变现状的民意。匈牙利则不同，其市场化改革在 20 世纪 80 年代初就已经产生了良好的效果，市场化文化已经深入人心，经济体制转型工作当然要以维护现有成果为首要目标，不可过于激烈，以防止已经建立起来的以市场为导向的政治、经济、文化与国民基础毁于一旦。"休克疗法"在降低通胀水平和实现价格放开与贸易自由化等方面成效明显，但在国有企业私有化与体制转型所需要的法律与制度配套等方面的成果较弱，这两个工作不是一朝一夕能够得以完成的。

经济体制由政府主导的计划经济体制向市场经济体制转型就在于政府简政放权，企业根据市场供求制定产品价格、自由竞争、获得利润。在这个过程中，政府的财政政策应主要集中在实施紧缩财政政策，降低通胀水平；制定合理的税收政策，保障政府财政收入；取消对国有企业的补贴；实行工资控制，对工资过高的企业征收高额税收；放开价格；取消进出口贸易配额制，实现贸易自由化；以出售或无偿分配等手段实现国有企业转制，即实现国有企业私有化；缩减外债水平；争取外资等方面。在这个过程中，金融部门的作用主要体现在两个层面：央行应能够独立制定并实施货币政策，防控恶性通胀的出现以实现经济增长的稳定化，实现存贷款利率由市场决定，实现本币的可自由兑换，实现汇率的自由浮动，实现官方利率向平行市场利率过渡（但实际上国家也会采取一定的措施防止汇率过度贬值，汇率往往处在官方汇率与市场汇率之间，或在特定阶段实行固定汇率制）；而商业银行的作用在于根据市场化的利率水平吸收存款、向有潜力的企业贷款并从中获得价差以获取利润，最大限度地扶持企业和私有资本的发展。

上述这些政策，如紧缩财政政策，降低通胀水平；制定合理的税收政策，保障政府财政收入；取消对国有企业的补贴；实行工资控制，对工资过高的企业征收高额税收；放开价格；央行应能够独立制定并实施货币政策、防控恶性通胀的出现以实现经济增长的稳定化、实现官方利率向平行市场利率过渡等，被称为中东欧国家的稳定化经济政策。1990~1991年，波兰、匈牙利、捷克斯洛伐克、保加利亚以及罗马尼亚都实行了稳定化政策或稳定化计划。稳定化计划促进了中东欧转型国家经济的增长，因为它很好地控制了高通胀水平。同时，稳定化计划的重要经验还在于经济的自由化政策与稳定化政策是共同推进的。如果价格不放开、贸易不放开、汇率与利率不放开，那么企业仍将缺乏活力，并且会将经营失败归咎于政府，因此，稳定化政策的实施需要经济自由化政策同时实施。实际上，稳定化政策在转型初期主要是针对那些经营不善的国有部门的，对于私人部门本身就是一种限制，这种限制也呼吁自由化政策同时推行。

稳定的货币体系是计划经济向市场经济过渡的一项关键内容，市场经济也是货币经济，货币稳定是市场经济运行的最重要条件（阿莱，1994）。[①] 在市场经济中，金融部门在资金的动员、配置、定价和风险分配上起到重要作用，而在中央计划经济中金融部门的作用非常有限。首先，上述分析也表明，在计划经济体制下金融体制完全是被动的，是从属于中央财政计划的。银行对资源配置没有影响，货币只起核算的作用。利率非市场化决定使得利率与资本收益率无关。存在集央行与商业银行于一身的单一银行，但该银行不从事贴现业务或公开市场业务，对于信贷也实行直接管制。国家并不存在真正意义上的资本市场，因此也无法把政府债券直接卖给非银行公众，也不存在股票市场，银行之外的融资活动非常有限。银行是国有化的，其主要贷款对象是国有企业，因此在转型初期随着国有企业的大面积亏损，也产生了大量的无法偿还的呆账。

---

① 莫里斯·阿莱：《市场经济的货币条件》，载李兴耕等编《当代国外经济学家论市场经济》，中共中央党校出版社，1994，第13页。

3.2 中东欧国家经济增长和金融转型及发展

3.2.1 波兰的经济增长与金融转型

1. 经济增长

Berg 和 Blanchard（1994）[1]认为，财政预算赤字、高速增长的国内信用水平以及随之而来的超级通货膨胀是 1989 年波兰经济状况的真实写照。为此，一系列的政策措施在 1989 年第 4 季度和 1990 年 1 月得以推行和实施。其中，宏观经济政策措施主要包括四个方面：通过削减对国有企业的财政补贴使财政赤字由 1989 年最后一个季度占 GDP 的 3% 将至 1990 年的财政收支基本平衡；通过提高商业银行向央行融资的再融资利率水平以控制银行间市场的流动性和国内信贷增长速度，从而控制通胀水平的进一步提高；控制企业工资水平，并对工资增长速度过快的企业加以处罚；实行兹罗提的可自由兑换，由于缺少外汇储备与相应的货币自由兑换的知识与经验，货币当局采取了盯住美元的汇率制度。在货币自由兑换的背景下，1990 年第 1 季度波兰的进出口都出现了增长，并在 1990 年末进出口额达到了 GDP 的 4%。紧缩性的货币政策使得名义利率不断下降，并最终出现了负实际利率。在微观主体层面的主要改革措施在于价格的自由化与相对进展缓慢的国有企业的私有化。由于价格的放开，波兰的物价水平在 1990 年 1 月上涨了 80%，CPI 指数为 32%，此后随着紧缩性财政与货币政策的实施，CPI 指数于 1991 年第 4 季度下降至 3%。国有企业私有化进程也出现了不平衡的状态，主要表现为通过国有资产租赁或直接出售方式进行的

---

[1] Andrew Berg, Olivier Jean Blanchard. Stabilization and Transition: Poland, 1990 - 91. in Olivier Jean Blanchard, Kenneth A. Froot, and Jeffrey D. Sachs. The Transition in Eastern Europe, Volume 1, University of Chicago Press, January, 1994.

国有中小企业私有化进程要明显快于大型国有企业。转型的第一年，即1990年，波兰的GDP总体规模下降，但由于统计以及概念上的分歧，官方公布的数据（较上一年下降12%）要大于Berg和Sachs（1992）[①] 计算出的5%。

2. 汇率制度改革

转型之初的1990年，波兰的汇率制度与其他中东欧国家一样采取了固定汇率制，目的是为了应对超级通货膨胀，但超级通货膨胀是一种相对短期的现象，而高通胀则是可持续的（Kokoszczyñski, 2001）[②]。随着1991年初苏联主导的经济互助委员会（CMEA）的瓦解，以及1990年全年所采取的紧缩性政策，波兰1991年的产出水平持续下降，物价水平不断上升，再融资利率以月均6%的水平从1991年2月起逐步攀升。此外，为了防止兹罗提的实际升值，从1991年5月起，波兰央行采取了介于固定汇率制与浮动汇率制之间的缓慢爬行盯住美元汇率制度，允许兹罗提对美元汇率以每月贬值1.8%左右并低于通胀水平的幅度进行微调。进入20世纪90年代中叶以后，随着经常账户盈余、资本的不断流入以及从1994年开始的外汇储备的快速增长，波兰的汇率制度愈发灵活，并最终完成了向完全流动汇率制度的转变（Kokoszczyñski, 2001）。

3. 银行私有化

McDermott（2005）[③] 的研究表明，1992年波兰财政部部长开始限制外资银行的进入，要求本国国有银行核查坏账，并将风险较高的贷款进行回收。政府决定在私有化政策实施之前，力图重组九

[①] Berg, A,, and J. Sachs. 1992. Structural adjustment and international trade in Eastern Europe: The case of Poland. Economic Policy, no. 14 (April): 118 – 173.

[②] Kokoszczyñski, Ryszard. From Fixed to Floating: Other Country Experiences: The Case of Poland, Presented at IMF seminar "Exchange Rate Regimes: Hard Peg or Free Floating?", Washington, DC, March 19, 2001.

[③] McDermott, Gerald A. Politics, Power, and Institution Building: Bank Crises and Supervision in East Central Europe., Review of International Political Economy, 2005, 14 (2): 220 – 250.

家国有区域性商业银行以及两家国有储蓄银行，与此同时强制银行改良运营流程以及与企业的关系。另外，虽然波兰国家银行不得不执行政府的经济政策，但行长仍然要由总统任命。

波兰银行私有化进程从1992年就已经开始，之前，国民持有银行股份是严格限制的。但1993年之后，央行在对国有银行资产坏账处理的同时开始逐步接受外资银行的进入或持股，或者通过公开上市的方法去分散股权，此时的外资银行或国民持股的目的不再主要是为了帮助国家经济，而更多的是考虑投资的回报。1992~1999年，九家波兰区域性商业银行私有化情况如表3-3所示。这九家银行几乎都单纯地采用IPO的方式实现私有化，而公开招标的方式则作为补充。我们重点分析Slaski银行的私有化过程，因为该银行是上述九家银行中最大的一家，并且私有化过程也最具代表性。Slaski银行是于1993年10月以IPO的方式售出其40.9%的股份，随后又于1994年2月向荷兰的ING银行出售25.9%的股份，政府则持股33.2%，并在日后与ING银行合并成为ING Slaski银行，ING占据合并后银行88%的股份。Abarbanell和Bonin (1997)[1]认为该银行私有化过程取得了诸多显著的正面效果，例如培训及吸引大量专业人才、创新性推出银行产品和服务、与ING银行合并实现了技术和管理经验的共享、将银行贷款从困难行业集中的西里西亚盆地工业基地中解放出来等，因此Slaski银行的私有化被认为是迄今为止最为成功的银行私有化案例。但Slaski银行的私有化过程也充分彰显了政府在波兰整个银行私有化过程中的矛盾心理，或者称之为政府想要达到的目标是非常多样化的，甚至是有些自相矛盾的。因为政府在Slaski银行私有化过程中想要达成的目标是多重的，主要包括吸引外国投资者、通过出售银行股份以提高

---

[1] Abarbanell Jeffery., John Bonin. Bank Privatization in Poland: The Case of Bank Slaski, The William Davidson Institute Working Paper, Working Paper Number 4B, April 1997.

财政预算收入、推动银行重组以及保护羽翼尚未丰满的本国股票市场等。其中一些目标得以最终实现,但波兰央行和政府始终在银行私有化进程中处在矛盾当中,即一方面希望推进银行私有化,并且吸收外国资本的进入以促进银行业的快速复苏以及加大银行业的竞争,另一方面又害怕外资的过度涌入会为外国投资者传递一种负面的信号,甚至使得波兰的整个银行系统不得不面对来自整个欧洲银行业的冲击;害怕银行产品的创新会带来金融市场的不稳定;害怕央行丧失对银行体系的控制等。总而言之,波兰的银行私有化进程取得了部分私有化之前设定的目标,但仍没有完全达成预期,在这个过程中,政府强有力的承诺、辅助性政策以及所采取的私有化方式都是非常关键的。

表3-3 1992~2000年九家波兰区域性商业银行私有化进程

银行	私有化方式	私有化开始年份
Rozwoju Eksportu 银行	首次公开上市(IPO)	1992
Slaski 银行	首次公开上市(IPO)	1993
Wielkopoiski 银行	首次公开上市(IPO)	1993
Ganski 银行	首次公开上市(IPO)	1995
Przemysolowo 银行	首次公开上市(IPO)	1995
Handlowy 银行	首次公开上市(IPO)	1997
Keydytowty 银行	首次公开上市(IPO)	1997
Pekao 银行	招标与首次公开上市(Tender-IPO)	1999
Zachodni 银行	招标(Tender)	1999

资料来源:Andrews. A. Michael. State-Owned Banks, Stability, Privatization, and Growth: Practical Policy Decisions in a World Without Empirical Proof, IMF Working Paper, WP/05/10, 2005.

其他几家主要银行的私有化情况是:Rozwoju Eksportu 银行于1992年7月以IPO的方式售出其47.2%的股份,政府持股份额为52.5%。Wielkopoiski 银行于1993年4月上市融资,后经历了1994

年6月和1996年1月的多轮融资，政府持有股份降至5.1%。Gdanski银行通过IPO方式上市，并且在日后与波兰国内的BIG银行合并成BIG Gdanski银行。Pekao银行和Zachodni银行都引入了公开招标的方式实现私有化，具体进程分别为：政府首先将52%和14%的Pekao银行股份通过IPO方式向外资银行和员工发售，之后在2000年通过公开招标的方式向意大利联合信贷银行进行二轮股份发售，最终将政府持有份额降至5%以下；而Zachodni银行则是政府通过协商将80%的股份出售给一家来自爱尔兰的联合国际银行。

2013年3月，由IMF和世界银行联合组建的专家组来到波兰对始于2006年的金融部门评估计划（Financial Sector Assessment Program，FSAP）进行跟踪调研，并于2014年1月发布了针对这项评估计划的调研成果。结果显示，在过去的10年间，波兰由银行主导的金融系统正处在一个再平衡的过程中，并已取得了快速的发展。表3-4显示，金融系统总资产从2000年的1267亿欧元上升至2012年的4789亿欧元，同期占GDP的比重也从65.6%增至123.8%。在这个过程中，商业银行占据金融体系的最大份额，不过所占比重却从2000年的84.1%降至2012年的64.6%，并且其中外资控股银行的比重高于国有控股商业银行比重。同时，合作银行资产虽然不断上涨，但其占金融系统总资产的比重裹足不前。经济增长长期受困于外部资金不足的问题由于国内金融资本的积累而得到缓解。

3.2.2 捷克的经济增长与金融转型

1. 经济增长

与其他社会主义国家不同，经济转轨之前的捷克斯洛伐克可以说是经济相对发达的国家，工业化程度非常高。"一战"后奥匈帝国瓦解，捷克斯洛伐克共和国继承了帝国24%的人口、21%的领

表3-4 波兰金融系统构成（2000~2012年）

资产类别	2000	2005	2008	2010	2012
所有金融机构	488.4 a (100.0) b	834.1 (100.0)	1407.2 (100.0)	1664.7 (100.0)	1962.3 (100.0)
商业银行	410.4 (84.1)	552.5 (66.3)	978.2 (68.4)	1088.1 (63.8)	1266.8 (64.6)
外资银行	297.9 (61.0)	410.3 (49.2)	746.7 (53.1)	767.6 (46.1)	859.5 (43.8)
国有银行	98.1 (20.0)	118.8 (14.3)	180.6 (11.8)	249.2 (13.7)	310.2 (15.8)
合作银行	18.0 (3.7)	33.9 (4.1)	56.5 (5.4)	70.4 (5.8)	85.8 (4.4)
信用机构	1.2 (0.2)	5.4 (0.6)	9.4 (0.7)	14.1 (0.8)	16.3 (0.8)
保险公司	37.8 (7.7)	87.6 (10.5)	137.9 (9.8)	145.1 (8.7)	162.9 (8.3)
养老基金	10.0 (2.1)	86.1 (10.3)	138.3 (9.8)	221.3 (13.3)	269.6 (13.7)
房产经纪公司持有	3.9 (0.8)	6.6 (0.8)	8.6 (0.6)	9.2 (0.6)	9.4 (0.5)
投资基金或投资公司持有	6.9 (1.4)	61.4 (7.4)	73.9 (5.3)	121.8 (7.0)	151.5 (7.7)
金融系统资产（单位:10亿欧元）	126.7	143.3	396.4	416.2	478.9
金融系统资产占GDP比重(%)	65.6	85.6	110.3	117.6	123.8

注：a 所代表的资产额的单位皆为10亿波兰兹罗提；b 表示括号中为各类资产占总资产的比重，单位为%。

资料来源：Financial Sector Assessment, No.85011, Poland, January 2014.

土以及80%的工业生产能力，这使得它的经济发展水平远远高于位于前帝国政治中心的奥地利。"二战"前捷克斯洛伐克是世界十大工业国之一，按人口平均的工业产量甚至高居世界第四位，不少部门工业生产能力超出国内市场容量的三倍，是个工业出口大国

(金雁、秦晖，2012）。① 此外，"二战"前，捷克斯洛伐克还是个民主国家，国家宏观环境相对稳定，这也使得捷克斯洛伐克能够更为平顺地度过经济转轨之初的"阵痛"，并且使得捷克和斯洛伐克于1993年1月1日能够以和平的方式分裂为两个独立的国家。

"二战"后初期（1945~1947年），即使大型工业企业、银行和保险公司是国有企业，捷克斯洛伐克共和国仍是一个市场经济国家。不过，在1948年苏联的中央计划经济体制被引入之后，市场中剩余的私有化企业也都被国有化了。此时，重工业被确定为国家优先发展行业，国家的对外贸易也从世界范围转为面向苏维埃国家。中央计划经济体制引致了经济增长的下滑，并持续了40年的时间。其间，由于对经济增长和共产党执政现状的不满，1968年1月爆发了名为"布拉格之春"的经济和社会改革运动，提出将价格市场化和企业运营自主化并鼓励工人参与到企业运营当中等一系列市场经济政策。但随着同年8月苏联派兵镇压，"布拉格之春"运动结束，此后中央计划经济体制得以巩固，并一直持续至20世纪80年代末（Dyba & Svejnar，1994）。②

1989年11月，新政府上台后开启了经济转轨进程，目标是将中央计划经济体制转变为市场经济体制，并且将与西方国家的经济一体化确定为构建市场经济体制的关键环节。新政府采取了一系列稳定措施，例如将捷克斯洛伐克克朗进行贬值并使其转变为可兑换货币，重新评估本国货币与卢布之间的价值关系等，但一切的宏观经济政策目标都主要围绕反通胀政策展开。捷克斯洛伐克的消费物价指数从1989年的1.4%急剧上升至1990年的18.4%，同期捷克的消费物价指数也从1.5%上升至17.5%。至1991年底，捷克斯

---

① 金雁、秦晖：《十年沧桑——东欧诸国的经济社会转轨与思想变迁》，东方出版社，2012。
② Karel Dyba, Jan Svejnar. Stabilization and Transition in Czechoslovakian, in Olivier Jean Blanchard, Kenneth A. Froot, and Jeffrey D. Sachs. The Transition in Eastern Europe, Volume 1, University of Chicago Press, January, 1994.

洛伐克的消费物价指数已经上升至53.6%，捷克为52%。为了实现反通胀目标，政府制定了紧缩的货币与财政政策，例如将1990年的货币供应增长目标确定为0，并且将财政预算盈余目标确定为不低于1.5%等。微观政策的目标在于促进资源的有效分配和降低转轨的社会成本，具体措施包括：将个人和企业税征收方式改革为增值税制；实行事实上的产权私有制；价格自由化；控制工资增速；捷克斯洛伐克克朗可自由兑换以及重建社会与健康保障体系等。1991年，更为具体的转轨经济政策目标得以推出，例如将通胀率控制在国内生产总值（GDP）的30%，GDP增速下降5%~10%，年均失业率控制在4.5%，真实工资下降10%以及经常账户赤字控制在25亿捷克斯洛伐克克朗。从世界银行公布的数据看，转轨之初的1990年，捷克斯洛伐克的国民生产总值（GNP）[①]为3300美元，并于1991年又下降了16%，与西方发达国家总体表现的差距在不断扩大，可以说，紧缩性货币与财政政策带来了经济增长的较大幅度下滑。紧缩性货币政策、经济互助委员会（CMEA）的日益瓦解以及经济转轨的不确定属性都使得国内固定资产投资陷入停滞。捷克斯洛伐克的固定资产投资增长率从1989年的3.1%下降至1991年的-20%，其中捷克的固定资产投资增长率从1989年的1.%下降至1991年的-13%（Dyba & Svejnar, 1994）。为了加速转轨进程并尽快恢复增长，1991~1992年，政府又制定了一系列的关于价格自由化、对外贸易自由化以及产权私有化政策，同时提高货币供给10%~15%以及降低银行利率以刺激投资。

2. 汇率制度改革

转轨初期，捷克的金融市场发展是比较快的。由于克朗的可兑换性，从1995年开始，大量外国投资者进入克朗市场。国内银行

[①] 1991年捷克斯洛伐克开始用GNP作为计算经济增长的指标，NMP指标逐渐退出主流计算方法之列。

与非本国居民之间关于汇率操作的交易量大幅提升，特别是期货交易市场在整个金融市场中的作用在不断加强。但这些因素的日益累积却带来了克朗的汇率动荡风险。1996年末，捷克国内银行的外币存款增长开始变得愈发缓慢，从1997年2月开始，克朗汇率在官方设定的浮动区间内逐渐走低，"布拉格证券交易指数"更是显示克朗汇率的不断低开。这些都是克朗汇率动荡和捷克经济下行的前兆。此时，中央银行开始提高银行基准利率，从而提高了商业银行存贷款利率以限制银行的流动性。

引致克朗动荡的因素起初是由于非本国居民投资者离开克朗市场并且开始投机性供给克朗。但是，捷克本国居民的行为加速了情况的恶化。居民在克朗贬值的过程中开始将手中的克朗兑换成外币，并且开始过度囤积进口货物。有趣的是，当时的媒体和经济学家也持续发表克朗贬值的观点，这种观点也刺激了外国投资者投机克朗的诉求。不断恶化的克朗动荡局势使得央行开始重新审视其应对策略，重要的反思在于限制商业银行的流动性只能在短期内起到限制将克朗兑换成外币的作用，长期是无效的。事实也证明了这一点，为了保障克朗汇率仍在货币当局制定的区间浮动，央行动用了大量的外汇储备，但这并非长久之计。1997年5月，已经有价值约为400亿的克朗被兑换成了外币。面对这种局面，央行与政府展开了兑换以讨论现行的汇率制度是否应该做出调整。出于转轨之初稳定性政策的需要，捷克的汇率制度在转轨初期是介于固定汇率制度与浮动汇率制度之间的，是一种设定汇率浮动区间的固定汇率制。但这种汇率制度无法高效应对当前的汇率动荡。最终，1997年5月26日，央行和政府共同宣布，从即日起实行有管理的克朗浮动汇率制度，参考的目标货币为德国马克，克朗对马克的浮动区间被界定为17～19.5，至此克朗汇率逐渐稳定下来。浮动汇率制证明是有效的，避免了如东亚金融危机那般剧烈的货币动荡局面的发生。放弃固定汇率制度之后，克朗贬值，通胀风险不断加大。为此，捷克央行于1998年开始施行通胀目标值的货币政策框架，货币政策将以稳定国内物价和汇率水平为首要目标（Kateřina Šmídková, et al., 1998）。① 2000年5月以后，因资本流入和境内外利差的因素，克朗持续升值。到2002年8月，其名义和实际有效汇率分别累计升值23.8%和25.3%。2002年9月起，捷克央行开始调整汇率调控方式，在与政府就私有化外汇收入出售达成场外交易安排协议的同时，停止对外汇市场的日常干预。这一调整被证明取得了成功（文亮，2007）。②

3. 银行私有化

捷克斯洛伐克的产权私有化政策实施主要分两个阶段，涉及约6000家大型企业，主要方式为采用直接售卖给个人或采用证券私有化方案（Voucher Privatization Scheme）。第一阶段有2930家企业，其中2210家在日后的捷克境内。2930家中的1491家企业采用了证券私有化方案进行私有化。证券私有化方案的具体实施方法为：每一个捷克斯洛伐克公民都可以通过支付1000克朗（不足月平均工资的1/3）去购买1000个"投资点"（Investment points），并兑换成企业的股票。第一阶段后，约有856万的成年公民购买了投资点。为了解决企业私有化后因股权高度分散至普通大众而出现的"治理真空"问题，投资私有化基金（Investment privatization funds, IPS）制度得以创立，这是捷克斯洛伐克企业私有化进程中的一项最重要的制度创新（金雁、秦晖，2012）。在具体操作过程中，已经购买投资点的大众股东自愿选择将72%的投资点首先兑换成43%的投资私有化基金，这些基金由"基金管理公司"管理，管理公司从中获得管理佣金。这些基金随后被基金管理公司负责兑

---

① Kateřina Šmídková, et al. Koruna Exchange Rate Turbulence in May 1997. Czech National Bank Working Paper No. 2, 1998.
② 文亮：《捷克汇率调控方式演变及启示》，《第一财经日报》2007年9月20日，第B01版。

换成被出售的企业的股份。最终，第一波私有化于1993年6月左右结束，1491家企业的股份有72%卖给了代表大众股东的投资私有化基金，28%直接卖给了普通民众。

捷克斯洛伐克政府拉开的第一波企业私有化的初衷在于通过企业私有化可以快速改善国有企业经济表现，并能通过股份出售减少对政府财政补贴的依赖。但从1992年11月开始，捷克斯洛伐克政府对是否继续采用投资证券私有化这种方式来推进企业私有化进程产生了分歧。捷克政府认为证券私有化是企业私有化的一个有效方式，而斯洛伐克政府却不这么认为，并计划坚持或退回到传统的企业私有化模式，即通过直接出售给个人，拍卖或由企业员工持股的方式。随着1993年1月捷克斯洛伐克的解体，捷克和斯洛伐克走向了不同的企业私有化道路，在这种背景下，第二轮企业私有化进程也正式拉开序幕（Dyba & Svejnar, 1994）。至1994年第二阶段私有化结束之时，捷克国民资产的私有化率达到85%~90%，私有经济占国民总收入的94%。到1996年6月，捷克正式宣布私有化工作结束，工业企业中有92%完成私有化，至此，捷克成为继民主德国之后第二个完成私有化改造的国家（金雁、秦晖，2012）。

在同期的产权私有化进程中，商业银行的私有化是政府产权私有化改革的重点工作之一，目的是促进商业银行间的竞争并提高银行对企业和个人的信贷规模，从而恢复企业活力。

表3-5显示，商业银行私有化对私人企业信贷规模大幅提升，但对提高国有企业和家庭信贷规模的作用并不明显。商业银行对捷克斯洛伐克私人企业的信贷规模由1989年的0，逐渐增至1990年的34亿捷克斯洛伐克克朗，1991年迅速上升至714亿克朗，到1992年的第二季度则进一步猛增至1257亿克朗的规模，已达对国有企业信贷规模的22.25%。其中，捷克商业银行对私人企业信贷规模的增长最为迅速。同时，1989~1992年第二季度，捷克斯洛伐克商业银行对国有企业和家庭信贷的规模却裹足

不前，没有明显的增加。商业银行对国有和私人企业信贷规模的此消彼长可以反映出商业银行对国家所进行的企业产权制度改革、企业私有化进程的高度认同，以及对国有企业经营状况能够得以改观所持有的谨慎态度。

表3-5 商业银行对企业和家庭的信贷规模

单位：10亿捷克斯洛伐克克朗

	1989	1990	1991	1992/2
对国有企业的信贷规模				
捷克斯洛伐克	530.9	529.8	575.3	564.9
捷克	360.5	383.0	403.7	390.5
斯洛伐克	170.4	146.8	171.6	174.4
对私人企业的信贷规模				
捷克斯洛伐克	0	3.4	71.4	125.7
捷克	0	2.8	55.5	94.4
斯洛伐克	0	0.6	15.9	31.3
对家庭的信贷规模				
捷克斯洛伐克	46.9	50.0	55.4	55.7
捷克	29.5	31.8	36.2	37.2
斯洛伐克	17.4	18.2	18.9	18.5

资料来源：Karel Dyba, Jan Svejnar. Stabilization and Transition in Czechoslovakian, in Olivier Jean Blanchard, Kenneth A. Froot, and Jeffrey D. Sachs. The Transition in Eastern Europe, Volume 1, University of Chicago Press, January, 1994.

3.2.3 匈牙利的经济增长与金融转型

1. 经济增长

与其他中东欧国家不同，很少有人质疑匈牙利的经济转轨所具有的渐进主义色彩。匈牙利没有采取休克疗法，即没有迅速采用大规模价格与贸易自由化，没有立即放弃固定汇率制度，即使自1988年起已经向国外私人投资开放，但企业与金融部门的结构改革同样是渐进的（Dervis & Condon, 1994）。[1] 依靠这种渐进主义转轨思路, 1991 年世界银行的调查表明: 匈牙利的中小型私人企业数量增长迅速, 并且产值与吸纳就业人口的数量都在快速增长, 特别是出口导向型企业。表 3-6 显示, 1991 年匈牙利人均 GDP 为 3300 美元, 经济增长率虽然为 -10%, 但也高于除波兰之外的其他国家。失业率为 8%, 而通胀水平表现最好, 仅仅为 35%, 可以说有效地降低了通胀压力。至 1991 年底, 匈牙利这种渐进式的转轨政策受到了不满波兰、捷克等采用较为激进价格自由化、大规模私有化和主张采用稳定化策略的业界与学界的支持与赞扬。

表 3-6 1991 年中东欧国家经济表现

国家	人均 GDP（美元）	经济增长率(%) 1990	经济增长率(%) 1991	失业率(%) 1991	通胀率(%) 1991
波兰	1800	-12	-8	12	76
捷克斯洛伐克	2100	-3	-16	8	59
罗马尼亚	740	-8	-14	4	220
保加利亚	830	-12	-23	10	430
阿尔巴尼亚	520	-10	-30	—	80
匈牙利	3300	-4	-10	8	35

资料来源: Kernal Dervis & Timonth Condon., Hungary-Partial Successes and Remaining Challenges: The Emergence of a "Gradualist" Success Story? in Olivier Jean Blanchard, Kenneth A. Froot, and Jeffrey D. Sachs. The Transition in Eastern Europe, Volume 1, University of Chicago Press, January, 1994.

但 Dervis 和 Condon 却认为, 匈牙利的成功主要归因于不完全的经济体制转轨的成功, 因为匈牙利的经济增长特别是人均 GDP 维持在一个高位主要是靠政府大规模的财政支出和赤字水平来刺激

---

[1] Kernal Dervis & Timonth Condon., Hungary-Partial Successes and Remaining Challenges: The Emergence of a "Gradualist" Success Story? in Olivier Jean Blanchard, Kenneth A. Froot, and Jeffrey D. Sachs. The Transition in Eastern Europe, Volume 1, University of Chicago Press, January, 1994.

的，这才得以保证匈牙利的经济增长没有出现波兰等国的大规模滑坡，失业率也相对较低，但积累的财政赤字水平终将引发通胀水平的回复。事实表明，虽然1993年通胀水平从1991年的35%降至21.1%，但1995年又回升至28.3%，从而葬送了之前的努力成果。此外，渐进主义还拉长了整个经济下滑的周期和经济恢复的周期，表3-7显示，匈牙利1995年比1990年经济增长了22.13%，远低于同期捷克的83.94%和波兰的114.24%。

表3-7 中东欧国家的国内生产总值

单位：亿美元，%

国家	1990	1995	1995/1990
匈牙利	357.80	437.00	122.13
波 兰	589.76	1263.48	214.24
捷 克	274	504.00	183.94

资料来源：徐葵（主编）《俄罗斯和中东欧中亚国家年鉴（1996）》，当代世界出版社，1998。

金雁和秦晖（2012）指出，由财政赤字维系的经济增长泡沫最终随着1994年末采用渐进改革策略的安托尔政府的下台而破灭，经济增长率从1994年的2.9%下降至1995年的1.5%。新上台的社会党随即采用了一系列紧缩性的财政与货币政策，例如降低社会福利和员工工资，缩减政府采购计划，防止"热钱"的大规模涌入等。虽然社会党在短短的两年后下台，但其紧缩纲领却得以坚持并取得了良好的效果，匈牙利财政赤字从1994年占GDP的8.4%降为1996年的3.5%；年末消费价格上涨率由1995年的28.3%降至1998年的14.2%；外债总额从1995年的317亿美元降至1997年的263亿美元。随着宏观经济的改善，经济增长势头也逐渐增强。1997年国民经济转入持续增长，1997年增长4.3%，1998年为5.4%，1999年为4.5%，同时1999年的通胀水平降至10%，为20世纪80年代以来的最低值。1999年，匈牙利经济超过了1989年剧变前的最高水平，虽然比波兰和捷克要晚一些。

2. 汇率制度改革

与其他转轨国家相似，匈牙利在转轨初期也采用了盯住一揽子外币的汇率制度。但是随着1994年底货币贬值8.3%，大量外币涌入货币市场以寻找投机的机会。此后，这种盯住货币制度被爬行货币制度所取代。月度爬行目标被初始设定为1.9%，但是在1999年10月之后被逐渐降低为0.4%。这种货币制度成功地将通胀率由1995年的30%降到1999年的10%。但是，随着国内经济不断增长，2000年国际石油价格的高涨以及不断涌入的外资，匈牙利国内通胀水平于2000年开始再次飞速攀升。为了降低通胀压力，货币当局采取了降低利率，甚至加强资本管控的财政与货币政策。这种政策期初是奏效的，但是还无法遏制通胀水平的反复变化。不同于波兰和捷克，匈牙利没有在90年代末期就采取浮动汇率制，而是于2001年5月起开始设定一个汇率浮动区间，允许汇率在这个区间上下15%的范围内有限浮动。但与前两个国家相同的是，匈牙利放弃了固定汇率制，也采用了以通货膨胀目标为调节依据的汇率制度，只不过节奏更加缓慢。一个国家能够实行通货膨胀目标制汇率制度需要满足以下几个条件：金融体系完善，央行独立以及透明的货币政策等。波兰、捷克和匈牙利采用通货膨胀目标制汇率制度的原因即在于这几个国家都在某种程度上满足了上述约束条件。

3. 银行私有化

匈牙利的私有化具有快速、大规模和彻底的特点。当时的西方经济学者也发表评论称，西方国家以及西方的经济学家都应该从匈牙利私有化方式中学到很多有用的东西。匈牙利大规模私有化行动不仅包括大型国有企业，并且还涉及石油、煤气、电力等重要能源部门。到1997年，匈牙利对1857家国有大中型企业中的1299家进行了私有化处理。原封未动保存下来10家，其余部分实行了关、停、并、转（邱莉莉，1997）。① Dooley 指出，匈牙利有着强烈愿望去私有化其金融部门，因为在这之前，已经私有化的非金融部门证明私有化策略是成功的。Dervis 也同意这个观点，认为银行私有化进程的步骤应该从国家监管、改革转变为彻底的私有化（Dervis & Condon，1994）。

实际上匈牙利的银行业改革起步较早，从 1987 年开始，央行放弃了信贷的职能，专门行使发行货币、调节信贷、管理外汇和外债、参与预算制定和监督管理金融的职能。同时，新建了 6 家商业银行，从事多功能的商业性金融服务。1991 年通过提供担保和发行价值超过 30 亿美元的债券对大的国有银行进行了 4 次资本重新核定。同时，匈政府还于 1992 年成立了一个新的国有机构购买全国商业银行的呆账，收购总额达 1025 亿福林，约为 13 亿美元（曹菲，2007）。② 1997 年，在全国性私有化即将完成的时候，匈牙利将私有化的重头戏放在银行私有化上面。在此之前，匈牙利第六大银行布达佩斯银行 60% 的股份被欧洲复兴银行和通用电气公司购买。匈牙利外贸银行 25% 的股份已归属德国一家银行所有。另外 18% 的股份也被欧洲银行买下。其他被拍卖的银行还包括匈牙利信贷银行和商业信贷银行。

与上述银行不同，成立于 1949 年的匈牙利最大的一家金融机构"OTP 国家储蓄银行"的私有化历程开始于 1995 年，但却没有大型的国外银行的介入（Abel & Bonin，2000）。当时，虽然市场份额在不断下降，但该行在匈牙利国内零售市场的银行业务中仍占据着统治地位，因此也被称为匈牙利的"零售银行"。该行的私有化进程经过了精心的设计，目的是防止被外国投资人把控，最终的

---

① 邱莉莉：《匈牙利私有化的特色与得失》，《东欧中亚研究》1997 年第 6 期，第 53～56 页。
② 曹斐：《私有化、银行改革与企业的软预算约束——转轨国家的比较研究》，辽宁大学硕士学位论文，2007。

结果也显示，在私有化完成之后，国外资本只占据该行总资产的 1/3 左右的水平。尽管随着转型的深入和外资的介入，匈牙利的零售银行市场受到了外资银行的巨大威胁，但 OTP 银行仍然屹立不倒。因此，该行的私有化进程也从另一个角度验证了外资银行对本国银行的入股甚至是兼并还会带来一种溢出效应（Spillover Effect），这种效应会倒逼国内银行改善经营方式，并最终坚持在本国资本主导的前提下完成私有化进程（Bonin & Wachtel，2003）。①

3.2.4 中东欧国家的金融发展比较

1. 金融发展衡量

我们结合 Čihák et al.（2012）& Sahay et al.（2015）与世界银行的研究方法，并依据转型经济与金融转型过程中相关指标数据的可获得性，从金融部门与金融市场两个方面，使用金融深度、金融可进入性、金融效率和金融稳定性四类指标对中东欧国家的金融发展进行衡量与比较。② 之所以同时使用这四类指标对中东欧国家金融发展进行评价与比较分析，是由于金融深度、金融可进入性、金融效率与金融稳定性指标之间具有严密而又统一的内在逻辑，不能简单凭借某个或某几个指标数据来判断哪一个国家的金融发展程度更高。一般来说，金融可进入性的提升会加强社会收入的平等性，促进企业的发展，这将有助于打造推动金融深化的有利环境。但金融深化的同时往往伴随着较高的金融脆弱性，这就意味着金融稳定性在一定程度上会受到削弱。特别是在发生金融危机的时候，较低

---

① Bonin, John., Paul Wachtel. Financial Sector Development in Transition Economies: Lessons from the First DecadeFinancial Markets, Institutions & Instruments, Volume 12, Issue 1, pages 1–66, February 2003.

② 本书中的中东欧国家包括波兰、捷克、斯洛伐克、匈牙利和斯洛文尼亚五国，选取的依据来自 IMF2016 年 11 月 16 日发布的《区域经济问题报告：中、东和东南欧国家的高效政府与更强劲的增长》中对中东欧国家范围的界定。详见 IMF. Regional Economic Issues: Central, Eastern, and Southeastern Europe Effective Government for Stronger Growth. http://www.imf.org/external/pubs/ft/reo/2016/eur/eng/pdf/rei1116.pdf.

的金融可进入性与金融效率虽然会延缓金融深化的速度,这反而会带来更好的金融系统稳定性。最后,金融深度的提升也往往意味着金融效率与金融可进入性会得到不断的改善,但金融可进入性的扩大并不完全等同于金融效率的提升。

2. 金融深度

首先,从表3-8可以看出,中东欧五国的银行部门都是金融系统的最重要组成部分。由于世界银行也未获得非银行金融部门提供的私人信贷数据,可见非银行金融部门的发展起步较晚,并且不完善,这也可以从五国的保险公司资产以及保费额度占GDP较低的比例中得出这一结论。其次,从银行及其他金融部门提供的私人信贷占GDP比例数据来看,捷克与斯洛文尼亚金融部门对国家经济增长的推动力更大,波兰则最小。此外,从银行资产占GDP比例指标来看,除波兰之外的四个国家的宏观融资结构具有更强的相似度。再次,在金融市场方面,斯洛伐克的股票市场市值占GDP的比重远高于其他四国,但成交额占GDP的比重却是五个国家中最低的,这反映出斯洛伐克的股票市场中可用于交换的股票不多,股票市场的效率不高,金融效率指标中的股票市场周转率数据也反映了这一结论。最后,匈牙利的国家公共债务与私人债务证券化程度最高,这反映出该国的金融产品与服务的创新程度更高。

表3-8 中东欧国家金融市场发展评价指标数据平均值(1993~2014年)

评价指标	波兰	捷克	斯洛伐克	匈牙利	斯洛文尼亚
金融深度(金融部门)					
银行提供私人信贷/GDP(%)	31.6	48.03	42.06	40.12	47.69
银行及其他金融部门提供私人信贷/GDP(%)	31.6	48.03	42.06	40.12	47.69
非银行金融部门资产/GDP(%)	—	—	—	—	—
银行资产/GDP(%)	44.51	59.69	57.46	53.21	58.9
保险公司资产/GDP(%)	6.93	9.74	7.76	6.36	12.47

续表

评价指标	波兰	捷克	斯洛伐克	匈牙利	斯洛文尼亚
人寿保险保费/GDP(%)	1.29	1.15	1.20	1.24	1.09
非人寿保险保费(%)	1.42	1.83	1.48	1.45	2.34
金融深度(金融市场)					
股票市场市值/GDP(%)	20.89	17.95	56.68	19.07	18.81
股票市场交易额/GDP(%)	8.15	9.60	1.79	14.28	2.39
优秀的国内私人债务证券/GDP(%)	0.68	7.01	4.29	11.25	4.59
优秀的国内公共债务证券/GDP(%)	27.39	18.93	17.83	37.16	13.88
金融包容度(金融部门)					
银行账户个数/每千成年人	—	—	—	1010.74	—
银行分支机构个数/每10万成年人	30.93	22.70	26.43	15.69	38.36
ATM机个数/每10万成年人	44.9	40.91	49.51	57.25	96.13
拥有银行贷款或信用额度的公司比例(%)	40.85	50.85	42.50	37.3	68.4
认为融资渠道受限的公司比例(%)	24	20.83	15.55	9.1	15.63
金融包容度(金融市场)					
扣除十大公司后金融市场市值/总市值(%)	38.74	—	—	6.31	33.94
扣除十大公司后金融市场成交额/总成交额(%)	38.92	—	—	3.38	33.2
金融效率(金融部门)					
银行净利差(%)	4.01	2.90	3.20	4.28	3.27
银行非利息收入/总收入(%)	39.1	39.27	29.72	40.61	36.77
银行管理费用/银行总资产(%)	3.49	2.60	3.70	4.53	2.81
金融效率(金融市场)					
股票市场周转率(%)	57.66	14.92	22.83	66.44	20.76
金融稳定性(金融部门)					
银行Z统计值	7.28	3.65	11.31	4.89	3.89
银行不良贷款/贷款总额(%)	9.49	8.60	8.29	6.68	7.17
银行监管资本/风险加权资产(%)	13.58	14.02	14.95	13.74	12.53
金融稳定性(金融市场)					
360天的国家股票市场股票价格指数波动均值	27.76	20.92	21.13	26.97	16.77

数据来源：World Bank Global Financial Development，2016.6.

3. 金融可进入性

总体来看，斯洛文尼亚的金融系统包容性最高，这意味着中小企业与普通民众拥有更多的机会接触并使用金融产品与服务。匈牙利的表现比较特殊，因为虽然仅有9.1%的公司承认融资渠道不畅，但同时也仅有37.3%的公司拥有银行贷款或信用。比较而言，波兰的金融市场可进入性更强，因为其扣除国内十大公司后国家金融市场市值以及金融市场成交额所占总市值与总成交额的比重最大，但波兰金融部门的表现要逊色很多，因为有更高比例的企业承认从金融部门融资的渠道并不畅通。

4. 金融效率

匈牙利的银行净利差、非利息收入比重与股票市场周转率在中东欧五国中是最高的，虽然其银行管理费用占银行总资产的比重也是最大的。波兰次之，但远高于捷克、斯洛伐克以及斯洛文尼亚。捷克的银行部门效率最高，但其获利能力以及金融市场效率却是五国中最低的。此外，五国的银行收入中利息收入占比达到了59.39%至71.28%，表明其他收入来源仍然比较窄，对外的债权、股权、证券、期货与国债等的投资收益比重偏低。

5. 金融稳定性

表3-9显示，斯洛伐克金融部门的稳定性总体表现最好。捷克、斯洛文尼亚以及匈牙利的银行Z统计值相对较小，意味着这三个国家的银行破产风险相对更高。银行不良贷款比重与股票市场股票价格指数波动均值这两个指标，可以表明波兰的金融部门以及金融市场具有较大的不稳定性。另外，五国的银行监管资本占风险加权资产总额比重大致相同，在12%~15%之间，说明这五个国家银行系统中的非监管资产在银行各类风险加权系数资产总额中所占比重较大，这会招致较大的潜在信用损失。

6. 小结

经过对中东欧五国金融发展各项指标数据进行比较分析，可以得出以下结论：（1）中东欧五国的金融部门发展速度较快，而金融市场发展相对滞后。银行在金融部门中都扮演着重要的角色，是整个金融系统资金与信用的主要提供者，但银行收入的来源仍以利息收入为主；（2）波兰的金融市场深化程度与效率最高，但斯洛文尼亚的金融市场则最为稳定，并且其金融部门的金融深化程度与可进入性在五个国家中也是最高的；（3）除波兰外，其他四国的金融部门银行资产占GDP的比重相对更高，这反映出该四国的宏观融资结构更为相似。此外，依据世界银行的数据[①]，虽然波兰2015年的GDP总值大于其他四国之和，但其他四国的金融部门向私人部门提供的信用占GDP的比重更大，并且由于远未达到110%的界限，因此金融部门对经济增长的促进作用还有更大潜力；（4）匈牙利的金融部门与金融市场的总体效率最高，但其金融深度与可进入性的表现则要稍逊一筹；（5）捷克和斯洛伐克的金融深度与金融稳定性表现更为接近，但斯洛伐克的金融系统效率更高，而捷克的金融系统可进入性更好。

3.3 俄罗斯的经济增长与金融发展

3.3.1 经济增长

1991年12月苏联解体，随后的俄罗斯联邦进入了激进的经济转轨进程。俄罗斯所采用的"休克疗法"的核心意图是在最短的时间内从计划经济转轨到市场经济，并且在这个过程中保证宏观经济的稳定、价格自由化以及私有化这三个主要目标的顺利达成。但

---

① 数据来自 World Bank national accounts data, and OECD National Accounts data files, http://data.worldbank.org/indicator/NY.GDP.MKTP.CD。2015年波兰、捷克、斯洛伐克、匈牙利和斯洛文尼亚的GDP分别为4748亿、1818亿、866亿、1207亿和427亿美元。

转轨的进程以及预设目标的达成远没有想象中那般顺利。结构转型速度非常缓慢，并且企业在苏联时期不重视消费需求这一运营惯性仍然存在，也使得企业往往在"错误"的地点生产"错误"的商品，仍然高度依赖政府的采购，这严重影响了俄罗斯经济的生产效率（Ickes & Ofer, 2005）。同时，为了保障经济的稳定，在转型之初，政府又采取了紧缩性的财政和货币政策，造成贷款利率的上升和银行等金融部门向私人提供信用的规模受到了极大的限制。与此同时，价格自由化也导致了超级通货膨胀的发生（Dobler & Hagemann, 2011）。① "滞涨"、高财政赤字、去货币化以及亚洲金融危机的影响最终引发了1998年俄罗斯货币危机，并导致在1990年至1998年间，俄罗斯人均GDP增速一直处在负增长区间（见图3-1）。

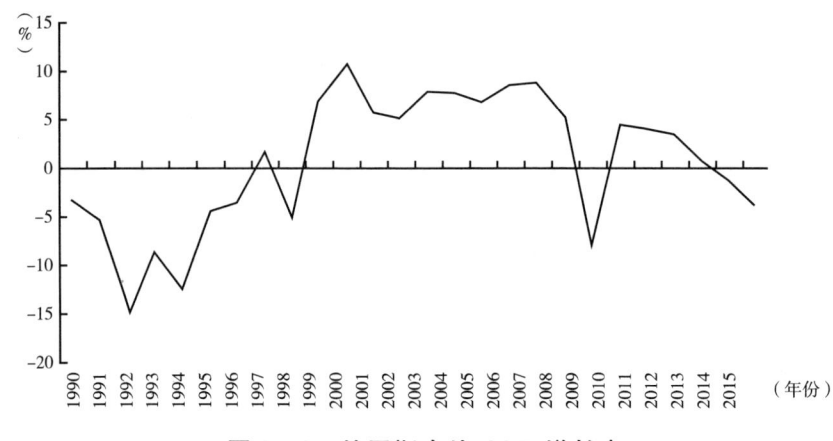

图 3-1 俄罗斯人均 GDP 增长率

资料来源：世界银行数据库2017年1月3日发布的数据。

俄罗斯的私有化进程也并不顺利，并且事实上是通过两轮私有化才得以最终完成。第一轮私有化被称为"凭证私有化"，开始于

---

① Dobler Constanze., Hagemann Harald. Economic Growth in the Post-Socialist Russian Federation after 1991: The Role of Institutioins. Promotionsschwerpunkt "Globalisierung und Beschaeftigung" in its series Violette Reihe Arbeitspapiere with number 34/2011.

1992年，即企业私有化过程的目标是成为股份制企业，但企业前员工和前经理人员必须占51%的股份，其余49%才能被售卖给普通民众。这就形成了一个"内部人"控制转制之后的企业的局面。并且，那些被转制的企业往往是在转制之前本就经营不善的企业，或者是并不控制国家重要资源或命脉的企业，后者仍然控制在国家手中。此外，由于通胀水平的持续高涨，普通股民所持有的"凭证"价值大幅缩水，导致私有化进程并未获得普通民众以及内部人的认可或信任。第二轮私有化始于1995年，并于1997年结束，目标是公开拍卖那些原本被政府控制的高价值的石油、自然资源以及电信行业的国有企业。在这个过程中，商业银行扮演了重要的角色，企业、银行与政府之间展开了"贷款换股份"的私有化进程，即国有企业通过让出一部分股权作为抵押，从而换得银行贷款去弥补政府财政赤字（Dobler & Hagemann，2011）。

俄罗斯货币危机之后，1999~2008年是一个相对较长时期的经济正增长时期（见图3-1）。能够推动这一时期俄罗斯经济增长的最重要引擎可以归结为三个方面：转型初期的经济条件、国内投资和出口。虽然异常丰富的自然资源往往被认为是俄罗斯经济增长的重要支柱，但资源对于短期经济增长来讲是非常重要的，从长期来看，资源的贡献率却并没有想象中那么大，其中一个可能的原因即在于资源对经济增长的推动作用往往是通过国内投资和出口等因素来实现的（Ledyaeva，2008）。[①]

历经长达10年的高速增长之后，在全球金融危机的影响下，俄罗斯人均GDP增速在2009年跌落至-7.8%。但经济状况在2010年迅速好转，并且保持了4年的经济正增长。俄罗斯经济之所以能够较为快速地从全球金融危机中恢复过来的重要原因在于以

[①] Ledyaeva Svetlana. Determinants of Economic Growth: Empirical Evidence from Russian Regions [J]. The European Journal of Comparative Economics, 2008, 5 (1): 87-105.

下几个方面：第一，采取审慎的国家宏观经济政策以力保经济增长的稳定；第二，充足的金融资产使其能够降低外部冲击对本国经济增长的影响。但潜在的经济结构脆弱性和对重要出口商品价格的依赖性使其经济增长于2014年重新落入负增长区间（Zeljko，et al.，2009）。①

3.3.2 金融发展

下面我们继续采用金融深度、金融可进入性、金融效率与金融稳定性指标对俄罗斯的金融发展进行比较分析。

1. 金融深度

首先，与中东欧五国的金融结构不同，俄罗斯银行部门占GDP的比重小于由股票市场市值以及公共与私人债券之和所占GDP的比重，并且2007~2011年的股票市场市值占GDP的比重高于银行资产所占比重。作为金融机构最重要的组成部分，银行资产与保险公司资产相比具有绝对的优势，从俄罗斯的保险公司资产以及保费额度占GDP很低的比例中也可以得出这一结论。其次，非银行金融部门提供的私人信贷数据所占比例同样很低，可见非银行金融部门的发展同中东欧国家一样起步较晚。银行是金融机构组成部分中最重要的金融媒介，所提供的私人信贷占GDP的比例呈总体上升态势。最后，与债券市场相比，俄罗斯股票市场市值占据金融市场市值的最大部分（见表3-9）。

2. 金融可进入性

总体来看，统计期内金融机构可获得的数据相对有限。2007~2014年，每10万成年人拥有的银行分支机构数目为33~37个，但ATM机个数却从45个猛增至184个。同时，如果比较2009年和

---

① Zeljko Bogetic., Karlis Smits., Segey Ulatov., et al. Russian Economic Report No. 17 (November 2008) [R]. MPRA Paper No. 12434, 2009.

表3-9 俄罗斯金融深度评价指标数据（1993~2014年）

单位：%

指标\年份	1993	2000	2007	2008	2009	2010	2011	2012	2013	2014
金融机构											
银行提供私人信贷/GDP	5.7	10.9	31.5	35.7	44.9	40.1	40.4	43.7	48.6	53.4
银行及其他金融部门提供私人信贷/GDP	5.7	10.9	32.7	36.5	45.7	41.0	41.2	44.6	49.9	54.8
非银行金融部门资产/GDP	—	—	1.3	0.9	0.9	1.0	1.0	1.2	1.7	2.5
银行资产/GDP	10.2	18.5	34.8	38.7	48.7	44.4	45.1	48.7	54.0	59.2
保险公司资产/GDP	—	—	2.1	1.9	2.1	1.8	1.7	1.7	—	—
人寿保险保费/GDP	—	1.1	0.07	0.04	0.04	0.05	0.06	0.09	0.1	0.1
非人寿保险保费/GDP	0.3	0.6	1.1	1.0	1.0	0.9	0.9	0.9	0.9	0.9
金融市场											
股票市场市值/GDP	0.01	20.3	100	61.9	61.1	57.5	47.3	39.1	38.0	27.8
股票市场交易额/GDP	—	4.1	72.0	76.1	60.0	34.4	28.7	21.8	13.7	9.6
优质国内私人债务证券/GDP	—	—	3.8	3.5	6.7	6.1	5.5	6.5	7.3	5.9
优质国内公共债务证券/GDP	—	3.1	4.1	2.8	5.1	5.3	5.2	5.7	5.9	3.6

数据来源：World Bank Global Financial Development, 2016.6.

2012年的数据，虽然融资渠道不畅的公司比例在下降，但拥有银行贷款或信用的公司比重也在下降。此外，数据显示出金融市场市值与金融市场交易额的垄断程度在降低，反映出中小企业和个人参与金融市场交易的活跃度在稳步提升（见表3-10）。

3. 金融效率

表3-11数据表明，2000~2014年俄罗斯银行净利差没有得到明显改观，并且呈现小幅下降态势，金融效率未得到改善。但银

表3-10 俄罗斯金融可进入性评价指标数据（1993~2014年）

指标＼年份	1993	2000	2007	2008	2009	2010	2011	2012	2013	2014
金融机构											
银行分支机构个数/每10万成年人	—	—	33.7	35.6	34.7	35.2	36.8	38.3	38.5	37.0
ATM机个数/每10万成年人	—	—	45.0	61.7	72.4	95.6	117	142	156	184
拥有银行贷款或信用额度的公司比例（%）	—	—	—	—	31.3	—	—	21.6	—	—
认为融资渠道受限的公司比例（%）	—	—	—	—	35.0	—	—	28.0	—	—
金融市场											
扣除十大公司后金融市场市值/总市值（%）	—	—	—	30.8	32.4	39.6	37.9	38.4	37.7	38.9
扣除十大公司后金融市场成交额/总成交额（%）	—	—	—	6.7	3.7	4.5	4.0	99.8	16.5	15.7

数据来源：World Bank Global Financial Development，2016.6.

行的非利息收入比重却在缓慢爬升，并且成为银行收入的最重要来源。可见银行产品与服务的创新性得到了提升，对外的债权、股权、证券、期货与国债等的投资收益比重自21世纪以来不断提高。但银行管理效率却在下降，管理费用占总资产的比重从2000年的8.0%提升至2014年的14.2%。从股票市场来看，其市场周转率从2000年的38.5%大幅攀升至2009年的68.3%，之后又不断下降，2014年降至30.9%。

4. 金融稳定性

首先，俄罗斯银行部门的银行Z统计值从2000年开始不断下降，这意味着银行破产风险处在不断累积和扩大的过程之中。此

表3-11 俄罗斯金融效率评价指标数据（1993~2014年）

单位：%

指标\年份	1993	2000	2007	2008	2009	2010	2011	2012	2013	2014
金融部门											
银行净利差	—	5.5	5.1	5.0	4.5	4.3	4.1	4.1	4.1	4.2
银行非利息收入/总收入	—	63.1	56.7	54.4	49.7	9.4	74.5	73.5	71.8	71.1
银行管理费用/银行总资产	—	8.0	6.8	7.5	45.7	83.3	17.2	15.6	15.0	14.2
金融市场											
股票市场周转率	—	38.5	57.6	54.7	68.3	57.9	61.6	43.2	29.8	30.9

数据来源：World Bank Global Financial Development, 2016.6.

外，虽然不良贷款比重从2000年的7.7%下降至2007年的2.5%，但金融危机使得不良贷款比重又不断增加，2014年上升至6.7%，几乎又回到了2000年的水平。此外，银行监管资本占风险加权资产总额的比重指标总体上也呈现下降趋势。最后，随着股票市场活跃度的下降，俄罗斯股票市场的价格波动性也日趋稳定，其中360天的国家股票市场股票价格指数波动均值从2000年的58.6大幅下降至2014年的19.8，可见金融监管部门对于股票市场波动的控制取得了良好的效果（见表3-12）。

5. 国际金融危机对金融发展的影响

金融危机促使俄罗斯的国内金融市场更加向银行部门倾斜，换言之，银行资产以及银行向私人部门提供的信用各自所占GDP的比重在2007~2010年期间不断上升，而股票市场市值以及股票市场交易额各自所占GDP比重以及股票市场周转率都出现了下降，同时债券市场变化不大。金融危机之后，俄罗斯金融监管机构对于股票市场价格波动的监管也取得了很好的效果。此外，金融危机增

表3-12 俄罗斯金融稳定性评价指标数据（1993~2014年）

指标＼年份	1993	2000	2007	2008	2009	2010	2011	2012	2013	2014
金融部门											
银行Z统计值	—	11.2	6.8	6.8	5.4	6.2	6.4	5.8	5.8	5.4
银行不良贷款/贷款总额(%)	—	7.7	2.5	3.8	9.5	8.2	6.6	6.0	6.0	6.7
银行监管资本/风险加权资产(%)	—	19.0	15.5	16.8	20.9	18.1	14.7	13.7	13.5	12.5
金融市场											
360天的国家股票市场股票价格指数波动均值	—	58.6	33.7	35.1	68.0	45.3	24.5	26.0	19.7	19.8

数据来源：World Bank Global Financial Development, 2016.6.

强了银行与金融市场的可进入性。对于银行部门来说，扩大ATM机的万人占有率在金融危机后平稳提升，这也反映出对客户来源的拓展。而金融市场的可进入性提升更为明显，进一步削弱了大型金融公司对于股票交易的垄断，虽然这个过程显得比较缓慢。

3.4 中东欧国家与俄罗斯的金融转型与金融发展比较

3.4.1 中东欧国家与俄罗斯国内银行业发展状况比较分析

从1993年到2000年这八年中，波兰的银行总数从87家下降至74家，私人银行数目不断上升，而国有银行资产比重是不断下降的，从86.2%降至24%，与此同时，整个国家的银行部门向私人部门提供的信用占GDP的比重却是在稳步上升的，从12.2%提升至18.8%（见图3-2）。

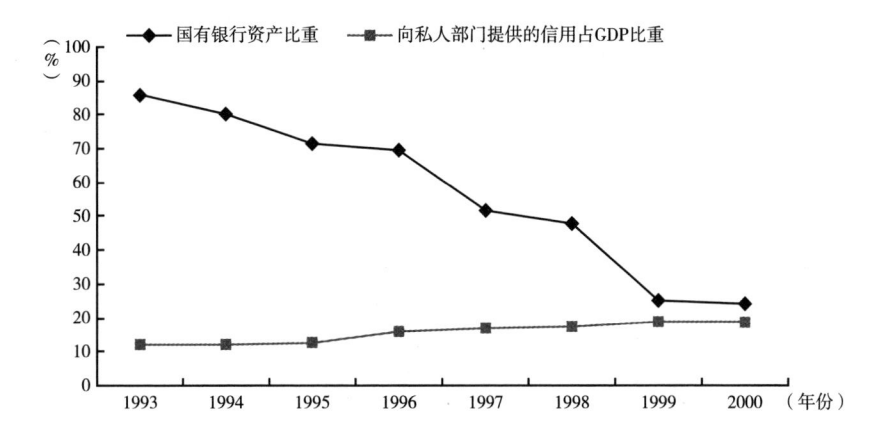

图 3-2 波兰国有银行资产比重以及银行业向私人
部门提供的信用占 GDP 比重

数据来源：Bonin & Wachtel, 2003。

与波兰的趋势截然不同，图 3-3 表明捷克国有银行资产比重总体呈上升趋势，从 1993 年的 11.9% 攀升至 2000 年的 28.2%。银行部门向私人部门提供的信用同样不升反降，即使在 1997 年占 GDP 的比重一度达到了 54.7%。

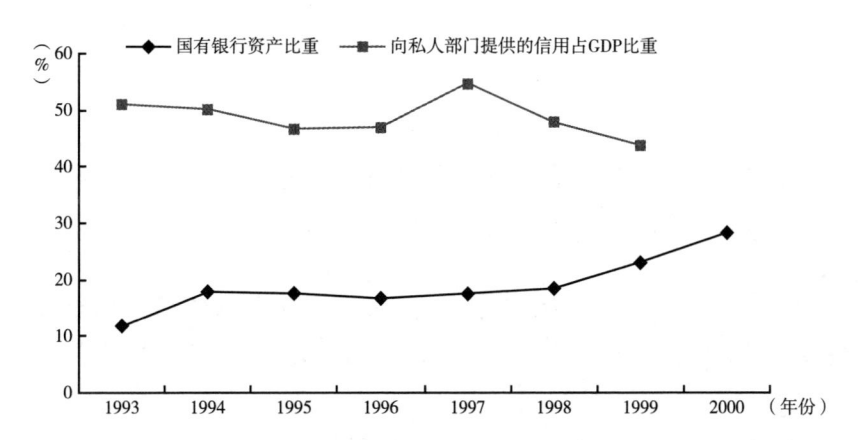

图 3-3 捷克国有银行资产比重以及银行业向私人
部门提供的信用占 GDP 比重

数据来源：Bonin & Wachtel, 2003。

比较而言，匈牙利的国有银行资产比重下降幅度最大，从1993年的74.9%急剧下降到2000年的8.6%，同时私人部门从银行部门获得的信用占GDP的比重增幅缓慢（见图3-4）。

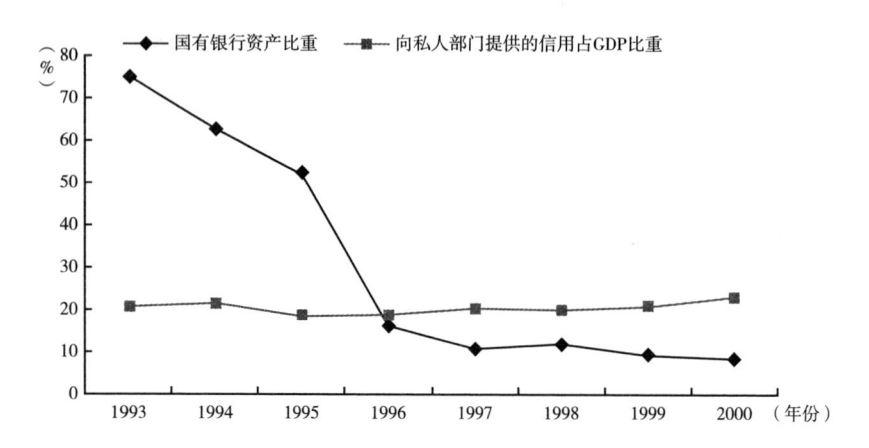

图3-4　匈牙利国有银行资产比重以及银行业向私人部门提供的信用占GDP比重

数据来源：Bonin & Wachtel, 2003。

俄罗斯国有银行资产比重的数据缺失比较严重，图3-5中只包含了1997和1998年两个年度的数据，但也是呈上升趋势的，这一点与捷克相同。但与捷克不同的是，俄罗斯外资银行的数量极为有限，而捷克的国有银行比重要小得多。同时，银行向私人部门提供的信用占GDP的比重出现了多次波动，并且2000年（11.5%）较之1993年（11.8%）的水平还略有下降。

3.4.2　经济环境对中东欧国家与俄罗斯银行私有化进程影响的比较分析

转型国家银行体系占据金融体系最为核心的部分（Adym, 2008），因此探讨金融发展离不开对银行体系改革的分析。转型国家银行体系改革往往被称为银行体系的诞生或重生，其目的在于更为明确地将转型之后从原有国有银行主导的银行体系剥离出来的私

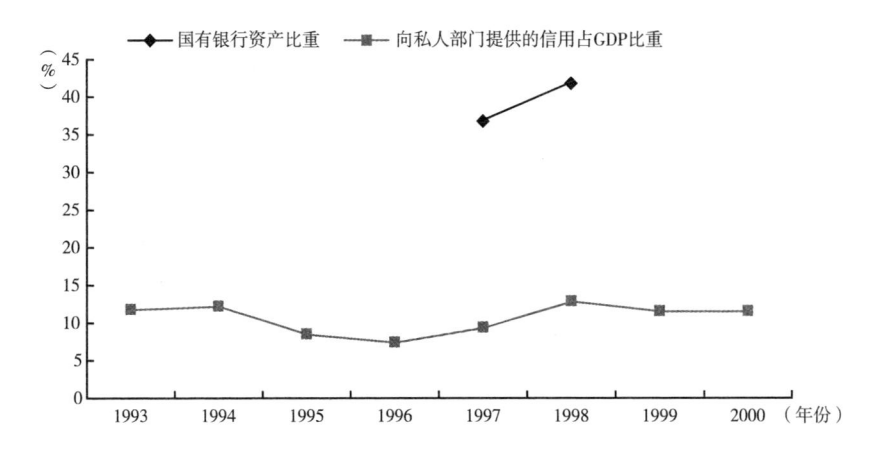

图 3-5　俄罗斯国有银行资产比重以及银行业向私人
部门投放的信用占 GDP 比重

数据来源：Bonin & Wachtel，2003。

有银行与国有银行进行区分。在转型之前，这些国家的银行体系往往由垄断性的国有银行保持，当然还包括少数商业银行以及一至两家具有垄断性质的专业银行，这些专业银行往往被称为储蓄银行，因为它吸收了国家大部分的存款，或者被称为外贸银行，因为所有的外币交易都必须要通过它来完成。

Bonin 和 Wachtel（2005）[①] 提出，一个稳定的宏观经济环境是银行私有化进程的必要条件。当经济转型对产出的冲击停止并且通胀水平持续保持在超级通胀水平以下，经济稳定才能够出现，银行私有化进程才能够得以开启并持续下去。表 3-13 显示了 1990~2003 年保加利亚、捷克、匈牙利、波兰、罗马尼亚、俄罗斯和中国（中国的情况在第 7 章会单独探讨）的实际 GDP 增速。结果显示，波兰从 1992 年开始出现 GDP 正增长，并进入经济稳定增长阶段，其他国家进入正增长的年份则分别是：捷克为 1993 年，匈牙

---

① Bonin, John., Wachtel, Paul. Dealing with Financial Fragility in Transition Economies, BOFIT Discussion Paper, 2005.

利为1994年，俄罗斯为1997年，保加利亚为1998年，罗马尼亚为2000年。

表3-13 1990~2003年转型国家真实GDP增速

单位：%

年份	保加利亚	中国	捷克	匈牙利	波兰	罗马尼亚	俄罗斯
1990	—	3.8	—	-3.5	-11.6	-5.6	—
1991	—	9.2	-11.5	-11.9	-7.0	-12.9	-5.0
1992	—	14.2	-3.3	-3.1	2.6	-8.8	-14.5
1993	-1.5	13.5	0.6	-0.6	3.8	1.5	-8.7
1994	1.8	12.6	3.6	2.9	5.2	3.9	-12.7
1995	2.9	10.5	5.9	1.5	7.0	7.1	-4.1
1996	-9.4	9.6	4.3	1.3	6.0	3.9	-3.6
1997	-5.6	8.8	-0.8	4.6	6.8	-6.1	1.4
1998	4.0	7.8	-1.0	4.9	4.8	-4.8	-5.3
1999	2.3	7.1	0.5	4.2	4.1	-1.2	6.3
2000	5.4	8.0	3.3	5.2	4.0	2.1	10.0
2001	4.1	7.5	3.1	3.8	1.0	5.7	5.1
2002	4.9	8.0	2.0	3.5	1.4	5.0	4.7
2003	4.3	9.3	2.9	2.9	3.8	4.9	7.3

资料来源：Bonin和Wachtel，2005。

表3-14显示了这七个国家的通胀水平。波兰于1991年开始显现出治理超级通胀的积极成果，相对而言，保加利亚用了五年的时间，而俄罗斯则出现多次反复，直到2000年才开始出现明显效果。此外，捷克和匈牙利控制通胀水平也取得了良好的效果，因此，这两个国家的国民经济增长相对于波兰之外的其他国家开始恢复的年份也更早一些。

综上所述，经济增长的稳定化与银行业私有化和银行业重组之间具有明显的正相关关系。由于受到经济增长环境的影响，上述这

表 3-14　1990~2003 年所选转型国家通胀水平

（以消费价格计算的年平均变动%）

年份	保加利亚	中国	捷克	匈牙利	波兰	罗马尼亚	俄罗斯
1990	—	18.8	—	28.9	600.0	—	—
1991	419.2	3.6	—	34.2	76.6	133.3	—
1992	91.3	6.3	11.1	23.0	45.3	225.0	—
1993	72.8	14.6	20.8	22.4	36.9	250.5	890.0
1994	96.0	24.2	9.9	18.8	33.2	137.9	307.6
1995	62.1	17.1	9.2	28.3	28.0	32.1	197.4
1996	121.6	8.3	8.8	23.4	19.8	39.0	47.7
1997	1058.4	2.8	8.4	18.3	15.1	154.7	14.8
1998	18.7	-0.8	10.6	14.2	11.7	59.2	27.7
1999	2.6	-1.5	2.1	10.0	7.3	45.8	85.7
2000	10.3	0.4	3.9	9.8	10.1	45.6	20.8
2001	7.4	0.7	4.7	9.2	5.5	34.5	21.5
2002	5.8	-0.8	1.8	5.3	1.9	22.5	15.8
2003	2.3	1.2	0.1	4.7	0.7	15.3	13.7

资料来源：Bonin 和 Wachtel，2005。

七个转型国家的银行私有化进程开启的年份不尽相同，其中波兰、捷克和匈牙利的银行私有化进程要早于其他国家。

3.4.3　外资银行对中东欧国家与俄罗斯金融体系影响的比较分析

Adym（2008）[1] 指出经济增长在使得中东欧国家[2]的国民收入水平趋近于西欧发达国家的同时，也促进了这些国家的国内金融体系与西欧发达国家金融体系之间的融合。在此过程中，外资银行对

---

[1] Aydm, Burcu. Banking Structure and Credit Growth in Central and Eastern European Countries, IMF Working Paper, WP/08/215, 2008.

[2] Aydm 的研究中所指中东欧国家包括斯洛文尼亚、拉脱维亚、匈牙利、波兰、立陶宛、捷克共和国、斯洛伐克和爱沙尼亚八个国家。

国内银行体系的重塑产生巨大影响。事实上，到 2005 年前后，70% 左右的中东欧国家银行资产都被外资银行所控制，因此中东欧国家国内信用多半是由外资银行来提供。表 3-15 显示了 1993 年至 2000 年中东欧国家的外资银行数目及所占银行总数比例的具体变化过程。首先，随着转型过程的不断深入，外资银行数目与所占比重在这些国家中都表现为上升趋势。立陶宛直至 1996 年开始才出现了外资银行，是所选国家中最晚的一个。俄罗斯的外资银行所占比重直至 2000 年仍仅为 2.5%，是增长幅度最小的一个国家，其主要原因在于俄罗斯银行总数在这些国家中最为庞大，例如 1993 年至 1996 年均在 2000 家以上，2000 年最少，但仍有 1311 家。还有一个表现比较不同的国家是斯洛文尼亚，外资银行数量从 1998 年的 3 家猛增至 1999 年的 51 家，所占比重也达到 164.5%，这一比例在 2000 年更是飙升至 217.9%。

表 3-15　中东欧国家外资银行数目及所占银行总数的比例

国家＼年份	1993	1994	1995	1996	1997	1998	1999	2000
保加利亚	0 (0)	1 (2.5)	3 (7.3)	3 (7.1)	7 (25.0)	17 (50.0)	22 (64.7)	25 (71.4)
克罗地亚	—	—	1 (1.9)	4 (6.9)	7 (11.5)	10 (16.7)	13 (24.5)	20 (45.5)
捷克	12 (23.1)	13 (23.6)	13 (23.6)	14 (26.4)	15 (30.0)	15 (33.3)	17 (40.5)	16 (40.0)
爱沙尼亚	1 (4.8)	1 (4.55)	4 (22.2)	3 (20.0)	3 (25.0)	2 (33.3)	2 (28.6)	4 (57.1)
匈牙利	15 (37.5)	17 (39.5)	21 (50.0)	25 (61.0)	30 (73.2)	27 (67.5)	27 (69.2)	30 (78.9)
哈萨克斯坦	5 (2.5)	8 (4.3)	8 (6.2)	9 (8.9)	22 (27.2)	20 (28.2)	18 (32.7)	16 (33.3)
拉脱维亚	—	—	11 (26.2)	14 (40.0)	15 (46.9)	15 (55.6)	12 (52.2)	12 (57.1)

第3章 中东欧国家及俄罗斯金融发展与经济增长实践

续表

国家\年份	1993	1994	1995	1996	1997	1998	1999	2000
立陶宛	0 (0)	0 (0)	0 (0)	3 (25.0)	4 (33.3)	5 (41.7)	4 (30.8)	6 (46.2)
波兰	10 (11.5)	11 (13.4)	18 (22.2)	25 (30.9)	29 (24.9)	31 (37.3)	39 (50.6)	47 (63.5)
罗马尼亚	—	3 (15.0)	6 (25.0)	8 (25.8)	13 (39.4)	16 (44.4)	19 (55.9)	21 (63.6)
俄罗斯	—	—	21 (0.9)	22 (1.1)	26 (1.5)	30 (2.0)	32 (2.4)	33 (2.5)
斯洛伐克	13 (46.4)	14 (48.3)	18 (54.5)	14 (48.3)	13 (44.8)	11 (40.7)	10 (40.0)	13 (56.5)
斯洛文尼亚	5 (11.1)	6 (13.6)	6 (15.4)	4 (11.1)	4 (11.8)	3 (10.0)	51 (164.5)	61 (217.9)
乌克兰	—	1 (0.4)	1 (0.4)	6 (2.6)	12 (5.3)	12 (6.9)	15 (9.3)	14 (9.1)

注：括号中数据为外资银行占银行总数的比例，单位为%，为作者计算所得。
资料来源：Bonin & Wachtel, 2003。

表3-16进一步揭示了中东欧国家外资银行资产占国家银行体系总资产的份额，其中除匈牙利和波兰略有下降之外，2000至2005年，斯洛文尼亚、拉脱维亚、立陶宛、捷克、斯洛伐克以及爱沙尼亚的外资银行资产所占比重都呈上升趋势。这期间的捷克、斯洛伐克和爱沙尼亚的国内金融体系资产几乎全部都由外资银行控制，而立陶宛的占比也高达80%以上，拉脱维亚、匈牙利以及波兰的外资银行占比也都保持在60%上下，相比较而言，斯洛文尼亚外资银行资产所占比重最低，仅为20%左右的水平。

在经济增长的过程中外资银行能够弥补国内银行体系在为经济部门提供信用与流动性上的不足（De Haas & Lelyveld, 2006）。[①]

[①] De Haas, R. T. A. and I. Van Lelyveld, 2006, "Foreign Banks and Credit Stability in Central and Eastern Europe. A Panel Data Analysis", Journal of Banking and Finance, Elsevier, vol. 30 (7), pp. 1927–1952.

表 3-16 2000~2005 年中东欧国家外资银行资产占
国家银行体系总资产比重

单位：%

国家\年份	2000	2001	2002	2003	2004	2005
斯洛文尼亚	—	15.0	16.6	18.5	20.0	22.5
拉脱维亚	—	45.2	41.9	45.7	48.6	58.5
匈牙利	—	59.2	60.1	56.7	59.0	58.8
波兰	—	68.9	67.3	67.7	67.7	67.1
立陶宛	—	75.6	84.4	84.1	83.9	84.1
捷克	—	77.1	93.2	96.0	96.1	93.4
斯洛伐克	85.0	92.4	95.6	96.3	96.7	99.5
爱沙尼亚	—	97.9	97.4	97.4	98.1	99.2

资料来源：Aydm, 2008.

Clarke 等（2003）[①] 也认为，外资银行及其分支机构可以不受进驻国国内金融条件的限制，从而能够提供更多的贷款给私人部门。此外 Bonin 等（2005）[②] 还指出，外资银行的进入是非常重要的，因为可以为中东欧国家银行体系带来更为先进的信息技术以及风险管理与信用评估的知识与能力，从而可以提高中东欧国家金融体系运行的效率。另外，外资银行的进入还可以削弱银行危机所带来的负面影响，从而最大限度地保障经济增长的持续性。

3.4.4　中东欧国家与俄罗斯债券与股票市场发展比较

虽然中东欧国家的金融市场以银行作为主导，但进入 21 世纪之后，随着宏观经济环境越来越稳定，这些国家的股票和债券市场

[①] Clarke, G., R. Cull, M. Soledad Martinez Peria and S. M. Sánchez, 2003, "Foreign Bank Entry: Experience, Implications for Developing Economies, and Agenda for Further Research," World Bank Research Observer, Vol. 18, No. 1, pp. 25 – 59.

[②] Bonin, J. P., I. Hasan and P. Wachtel, 2005, "Bank performance, efficiency and ownership in transition countries", Journal of Banking & Finance, 29 pp. 31 – 53.

也得到了比较快速的发展,并且这种发展对于丰富该地区金融体系构成的多样性以及降低金融体系脆弱性风险是有好处的。Iorgova 和 Li (2008)① 的研究表明,若基于规模、流动性以及货币市场的发达程度等标准进行划分,在中东欧国家中,波兰、匈牙利和捷克拥有最为发达的股票、债券和其他衍生市场;俄罗斯在 21 世纪初的增长非常迅速;克罗地亚、爱沙尼亚以及斯洛伐克也取得了一些进展;波黑、马其顿、塞尔维亚以及乌克兰则处于资本市场发展的早期阶段;而阿尔巴尼亚、白俄罗斯与摩尔多瓦仍处于非常落后的阶段。

1. 债券市场比较分析

首先,中东欧国家债券市场的发展主要是由政府债券的发行为推动力的。国债几乎占据了这些国家债券市场的全部份额,其中表现最为明显的是波兰和俄罗斯。2005 年 9 月 IMF 发布的《全球金融稳定性报告》显示,在 1989~1994 年以及 1995~1999 年这两个阶段中,波兰和俄罗斯的债券市场中由公司自主发行的债券总值所占 GDP 比重的平均值皆为 0,而捷克、匈牙利以及中国的这两个阶段的数据分别为 0.1% 和 1.2%,0.3% 和 0.9% 以及 1.0% 和 0.7%。表 3-17 显示,2004 年波兰的债券市场总值是除中国之外最大的国家,俄罗斯最小。此外,波兰债券市场总值占 GDP 的份额为 32.5%,并且全部来自国债。与此相似的是俄罗斯,政府发行债券占了几乎全部比重。而在捷克和匈牙利,其金融机构发行债券总值占 GDP 的份额都在 3% 左右,公司发行债券的份额分别为 3.5% 和 1.2%。可见,同欧洲发达国家相比,中东欧等转型国家的公司债券市场发展都比较落后,无论是市场总值、占 GDP 的比重还是发行债券的公司比例都非常低。在这些国家中,政府、银行

---

① Iorgova Silvia., Li Lian. Ong. The Capital Markets of Emerging Europe: Institutions, Instruments and Investors, IMF Working Papers, WP/08/103, 2008.

与其他金融机构大多都是公司债券的主要发行方或交易主体。但有一个例外，即捷克的企业发行的债券规模与所占 GDP 比重都要高于金融机构。Iorgova 和 Li（2008）认为，在包括中东欧国家在内的新兴欧洲国家中公司自主发行债券的比重之所以会这么低的主要原因在于债券发行的相关法律过于严苛，以及发行公司债券的直接成本过高。

表 3-17 主要转型国家债券市场总值及构成

单位：10 亿美元

国家	债券市场总值（占 GDP 比重）	政府发行债券（占 GDP 比重）	金融机构发行债券（占 GDP 比重）	企业发行债券（占 GDP 比重）
波兰	95.9(32.5%)	95.9(32.5%)	—	0(0%)
捷克	65.6(53.3)	57.7(46.9%)	3.6(2.9%)	4.3(3.5%)
匈牙利	52.5(45.9%)	47.7(41.7%)	3.6(3.1%)	1.2(1.0%)
俄罗斯	20.1(3.3%)	20.1(3.3%)	—	9.3(1.5%)
中国	483.3(29.3%)	287.4(17.4%)	183.7(11.1%)	12.2(0.7%)

数据来源：IMF. Global Financial Stability Report-Chapter 4：Development of Corporate Bond Markets in Emerging Market Countries. 2005, 9.

虽然公司债券发展缓慢，但还是处于不断发展过程中，其中一个助推因素在于保险行业的发展。从 IMF 发布的《全球金融稳定性报告》中同样可以看出，从 1998 年至 2004 年，波兰的保险公司资产总值占 GDP 的份额从 3.0% 上升至 5.6%，而同期的匈牙利的数据是从 3.3% 升至 5.7%。两国的保险业规模发展速度比较相似。

2. 股票市场比较分析

Iorgova 和 Li（2008）提出，在过去的十余年中，特别是 2003 至 2006 年，由于经济增长速度加快、外国投资的大量涌入、国内法律制度的不断完善、部分国家加入欧盟（2004 年的波兰、匈牙利、捷克、斯洛伐克和斯洛文尼亚以及 2007 年的保加利亚和罗马尼亚）以及由此所带来的国内外市场的一体化趋势愈发显著，使得大部分中东欧国家的股票市场相对于债券市场来说发展更快，并已经成为地区国家国内资本市场中最为发达的部分。表3-18显示了截至2006年底的一些主要中东欧国家股票市场的市值、营业额、资本周转率以及上市公司数量，其中，俄罗斯的上市公司数量、股票市场市值以及营业额的规模最大，波兰的股票市场市值位居第二，但仍远超其他国家。不过，虽然匈牙利和捷克的股票市场规模远低于俄罗斯和波兰，但股票市场的活跃程度更高，交易的相对速度更快。比较而言，保加利亚与斯洛伐克的股票市场规模与营业额最低，而克罗地亚的股市活跃程度最差。并且，波兰、匈牙利、捷克以及俄罗斯的股票市场已经成为各自国内企业所需资金继银行体系之后的第二大来源，可以说股票市场的发展对改善国内的流动性提供了实际的帮助。而罗马尼亚和保加利亚等国的股票市场发展对提高国内的流动性帮助不大。

表3-18 2006年底中东欧国家股票市场情况

类别\国家	波兰	捷克	匈牙利	俄罗斯	保加利亚	克罗地亚	斯洛伐克
上市公司数量	267	29	41	309	347	183	173
市值	149.1	48.6	41.9	1321.8	10.3	29.0	5.5
营业额	55.0	32.9	31.2	514.4	1.5	1.8	1.3
资本周转率	36.9	67.6	74.4	38.9	14.6	6.3	12.2

注：市值与营业额为10亿美元，资本周转率为%。
数据来源：Iorgova & Li, 2008。

第4章 中东欧国家金融发展与经济增长的相关性分析

转轨以来，中东欧五国把握住了经济赶超的历史机遇，经济增长的表现有目共睹，但全球金融危机和主权债务危机的先后爆发拖住了中东欧国家经济增长的步伐。在经历了经济增长的最低谷之后，中东欧国家在2010年全部实现了经济正增长。伴随着经济增长的起伏，金融系统也在不断发展中寻求着金融结构的优化与调整，力图在经济增长中发挥更为高效的资源配置作用。

迄今为止，银行部门仍然占据着中东欧国家金融结构的主导地位，特别是在金融危机期间，中东欧国家银行主导的金融结构非但没有削弱，反而得到了进一步巩固和加强。但在后危机时代，为了获得经济增长所需资金的多样性，降低对西方（特别是西欧发达国家）资金的过度依赖，中东欧国家开启了面向"东方"（主要是中国）的经济增长战略转向，与此同时也逐步强化了中东欧国家内部的直接投融资行为。在此过程中，虽然银行主导的金融结构主体框架并没有发生改变，但银行提供的国内信用与银行资产所占GDP比重都有所下滑，反之股票市场却在经历危机期间的巨大滑坡后显现出增长的态势。

那么，究竟是什么原因导致了中东欧国家金融结构的变化？这种变化又如何影响了中东欧国家的经济增长？本部分将以全球金融危机为核心节点，以欧洲主权债务危机为重要影响因素，通过论证中东欧国家银行主导的金融结构形成与变化及其与经济增长之间的关系，对上述问题进行分析。

4.1 银行主导型金融结构的形成与调整

4.1.1 银行主导型金融结构的形成

中东欧五国金融结构的形成具有共同而又鲜明的特征，在最初的转型阶段就奠定了银行主导的历史特征。经济转型与政治转型是从苏联脱离出来的中东欧国家共同面临的双重压力。压力之下，保障政府财政收入、放开价格管制、消除超级通货膨胀、推动国有企业私有化与产权重组以及恢复与西方社会的贸易自由化以维持经济增长占据了中东欧国家转型的优先序列，而金融转型则是经济发展转型的内生需求，其主要作用在于支持经济转型不被逆转。中东欧国家金融转型始于银行私有化与银行重组，而非重建以股票市场为核心构成的资本市场。虽然股票市场对于中东欧国家来说并非新鲜事物，匈牙利、波兰、捷克等国家在"二战"前都有自己的股票交易所，但社会主义时期全部被关闭。虽然经济转型使得股票市场得以重启，但转型初期的股票市场规模总量偏小、制度不完善，并且在国有企业大规模破产的背景下无法吸引国内投资者，而对于外国投资者而言，中东欧国家仍然是风险等级偏高的投资场所（曾康霖、黄平，2006）。[①]

中东欧国家银行私有化的根本目的在于构建独立于央行的完善的二级商业银行体系，并通过促进商业银行间的竞争，更为高效地

---

① 曾康霖、黄平：《中东欧转轨经济国家股票市场制度研究》，中国金融出版社，2006，第 77~88 页。

发挥银行在资源配置上的作用，提高银行对企业和个人的信贷规模，进而恢复和激发企业生产活力与居民消费能力。但中东欧五国的商业银行体系在转型之初（1993~1995 年）并没有真正发挥国内信用提供者应有的作用，无论是储蓄银行系统所提供的国内私人信用占国内生产总值（GDP）的比重（见图 4-1）还是储蓄银行资产占 GDP 的比重（见图 4-2），都出现了下滑趋势。原因主要有三：第一，中东欧国家的银行私有化从启动之初就演变成了一场激烈的政治斗争与利益的博弈：政府希望继续在国内商业银行体系中持有一定的股份而商业银行则希望外资能够尽快进入从而开启一个实质的私有化进程（Bokros，2009）；[1] 第二，新诞生的商业银行在转型初期基本沦为了政府的"财政工具"，虽然经济增长陷入停滞，但长期以来形成的国民高福利水平却具有刚性，因此财政支出压力大增，为此政府不得不发放债券以缓解收入危机，而此时的商业银行自然就作为政府财政收入的平台被鼓励大量购买政府债券以避免福利水平的下行（王志远，2013）；[2] 第三，大部分国家都经历了主要银行破产，银行破产法、合同法等法律法规的缺失，以及银行私有化改革执行与监督机构的失位（Cojocaru，et al.，2015）。[3]

尽管在转型初期出现了一些问题，但中东欧国家银行业的改革步伐并未停止，随着银行私有化与重组进程的推进，银行向私人提供信用的规模从 1996 年开始缓慢上升。重要的改革成果包括：利率自由化改革不断深入导致银行存款不断上升；向政府提供贷款规模不断下降使得银行可以重新规划资产的使用方向以谋取更大的利

---

[1] Bokros, L., 2009. "Twenty (Five) Years of Banking Reform in CEE." *Focus on European Economic Integration*. 5：44-47.

[2] 王志远：《金融转型：俄罗斯及中东欧国家的逻辑与现实》，社会科学文献出版社，2013，第 16~17 页。

[3] Cojocaru, L., Falaris, E. M., Hoffman, S. D., et al., 2015. "Financial System Development and Economic Growth in Transition Economies：New Empirical Evidence from the CEE and CIS Countries." *Department of Economics in its series Working Papers*, No. 15-04, University of Delaware.

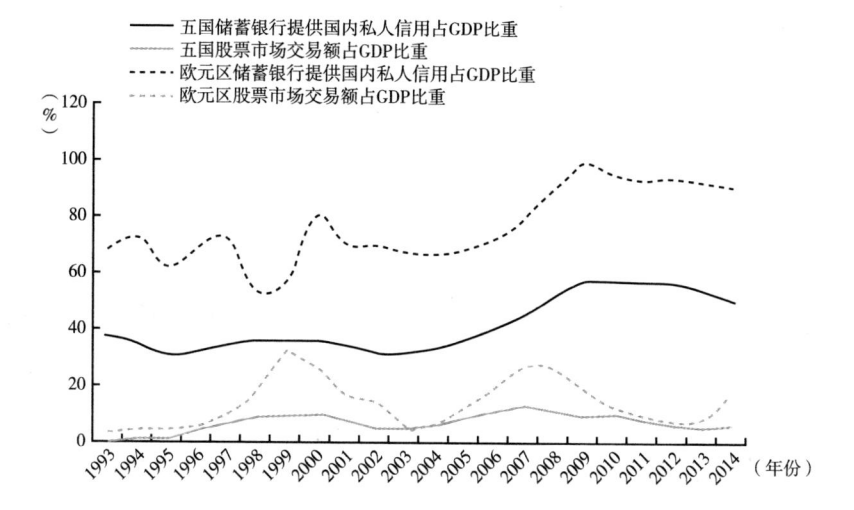

第 4 章　中东欧国家金融发展与经济增长的相关性分析

图 4-1　中东欧五国与欧元区储蓄银行信用规模与股票市场交易额

数据来源：World Bank. http://data.worldbank.org/data-catalog/global-financial-development.

润空间；转型过程中私有部门本身的发展；银行与企业破产与抵押贷款相关法律的颁布与有效实施（Cottarelli et cl.，2003）[1] 以及外资银行的大规模进入（Uiboupin，2005）。[2] 此外，中东欧五国为了顺利加入欧盟，在银行改革的模式与政策调整上更是直接选择了"欧洲取向"，即在法律框架、管理方式、技术指标等方面大都采用了德国银行模式，商业银行兼具金融和投资功能，银企关系更为密切（崔宏伟、姚勤华，2002）。[3] 德国金融结构则被广泛认为是以银行为主导的（Levine，2002）。[4]

---

[1] Cottarelli, C., Dell'Ariccia, G., Vladkova-Hollar, I., 2003. "Early Birds, Later Risers, and Sleeping Beauties: Bank Credit Growth to the Private Sector in Central and Eastern Europe and the Balkans." *IMF Working Paper*, No. WP/03/213.

[2] Uiboupin, J., 2005. "Short-Term Effects of Foreign Bank Entry on Bank Performance in Selected CEE Countries." *Working Papers of EestiPank*, No. 4.

[3] 崔宏伟、姚勤华：《中东欧国家加入欧盟进程：战略选择与政策调整》，《东欧中亚研究》2002 年第 2 期，第 71~78 页。

[4] Levine, R., 2002. "Bank-based or Market-based Financial Systems: Which is Better?" *NBER Working Paper*, No. 9138.

从 1993 年①至 2014 年的总体状况看，虽然包括银行在内的金融部门都得到了不同程度的发展，但五国的银行资产占 GDP 的比重远大于股票市场市值、债券市场市值以及保险公司资产各自所占 GDP 的比重，银行成为国内信用最重要的提供者和资源配置的最重要引擎，金融结构也表现为明显的以银行为主导的特点（见图 4－2）。2004 年至 2006 年中东欧五国股票市场市值所占 GDP 比重超过了银行资产则是一个例外，其中最重要的原因在于斯洛伐克的股票市场市值从 1999 年至 2007 年取得了一个飞跃式的增长，带动了中东欧五国股票市场市值平均规模的大幅度跨越。②如果将斯洛伐克股票市值占 GDP 的比重数据排除在外，那么中东欧四国股票市场市值占 GDP 比重的变化趋势则更加平稳，并且一直低于银行占 GDP 比重的水平。

4.1.2 全球金融危机爆发进一步巩固了银行主导的金融结构

2008 年的全球金融危机使得中东欧五国经济增长深受打击，2008~2009 年的真实 GDP 增速与 2007 年相比出现了急剧的下滑。与此同时，2008~2009 年的储蓄银行资产规模以及以提供国内私人信贷占 GDP 比重来衡量的储蓄银行的活跃度与 2007 年相比却得到了快速的提升（见图 4－1 和图 4－2），金融结构的银行主导特

---

① 我们选择从 1993 年开始分析中东欧五国的金融结构与经济增长源自两方面原因：第一，1993 年 1 月 1 日捷克与斯洛伐克正式解体；第二、股票市场是金融结构的重要构成要素，而 1992 年捷克共和国才重新建立了股票市场，是五国中最晚的一个。
② 世界银行的数据显示，斯洛伐克的股票市场市值占 GDP 的比重从 1998 年的 4.7% 突然上升至 1999 年的 61%，并持续攀升至 2007 年的 133.7%。拉迪斯拉发证券交易所 1999 年报（Fact Book 1999）内容显示，该时期斯洛伐克股市市值快速增长的原因主要在于随着米库拉什·祖林达在 1998 年 10 月当选政府总理，1999 年一系列有关资本市场交易及利益分配的现有法案的修正案得以颁布实施，例如《证券法修正案》和《所得税法修正案》，这进一步提升了资本市场交易的规范性与吸引力。具体可参见：The Bratislava Stock Exchange Fact Book 1999. http://www.bsse.sk/Portals/2/Resources/statistics/year/FactBook_ 1999. pdf。

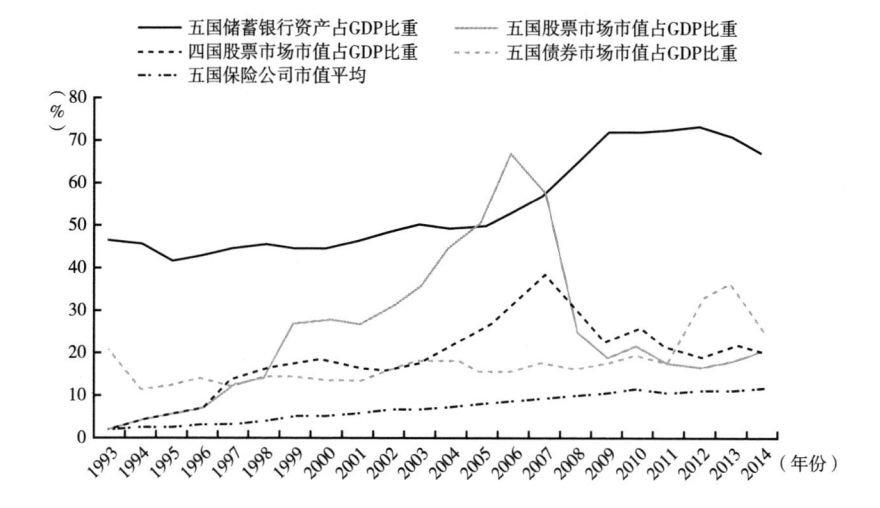

第 4 章　中东欧国家金融发展与经济增长的相关性分析

图 4-2　中东欧五国金融系统组成部分的市值演化趋势

注：①由于斯洛文尼亚和捷克 2000 年之前数据的缺失，图中保险公司资产数据更多反映了波兰、斯洛伐克以及匈牙利三国的平均变化趋势。

②债券市场中私人部门发行债券所占比重平均仅为 2% 至 24%，且匈牙利和斯洛文尼亚仅有 2004 年及以后的数据，而斯洛伐克仅有 2005 年以后的数据，因此中东欧国家债券市场的表现更多是反映各国政府发行的公共债券的发行与交易情况。

数据来源：World Bank. http://data.worldbank.org/data-catalog/global-financial-development.

点更加明显。导致这一变化的原因首先在于长期以来所形成的经济增长模式在危机期间对银行信贷依赖性的进一步增强。中东欧国家经济增长高度依赖"内外信贷"是一种传统或习惯，其中对内信贷指的是作为间接信用媒介提供者的银行在企业融资中的核心作用，而外部信贷则强调经济增长对外资和外债的高度依赖（庄起善、吴玮丽，2010）。① 在金融危机期间，外商投资水平在实体经济领域的下降，以及 2009 年欧债危机的爆发使得高度依赖外资和外债的经济增长模式受到了挑战，本就日趋羸弱的国内投资需求进

---

① 庄起善、吴玮丽：《为什么中东欧国家是全球金融危机的重灾区?》，载《国际经济评论》2010 年第 2 期，第 29~39 页。

一步转向对银行信贷的依赖是更加符合传统的合理选择。不同于在十年前东亚金融危机期间银行业所表现出的盲目和手足无措，此时的银行系统经过欧盟的检验已变得更加完善，在危机中所表现出来的弹性和承担提供信用责任的能力也大为提升。其次，由于五国银行系统中外资银行的母银行得到了来自欧盟以及 IMF 的支持，因此外资银行的坚守是中东欧五国国内银行系统得以进一步加强的又一重要因素（Dabrowski，2010）。[①] 最后，相对于银行系统来讲，全球金融危机对五国金融市场的打击更大，从而又反过来巩固了银行部门的主导地位。2008~2009 年五国股票市场规模和股票市场交易额各自占 GDP 的比重与 2007 年相比都出现了回落（见图 4-2），其中斯洛伐克股市市值的蒸发是最为剧烈的，然后是斯洛文尼亚。[②] 斯洛文尼亚（2004 年加入）和斯洛伐克（2009 年加入）是中东欧五国中仅有的两个欧元区国家。实践证明，欧元区能够为新兴市场国家成员在危机中提供"保护伞"的固有观念显然是不成熟的，是没有充分依据的（Dabrowski，2010）。虽然没有加入欧元区，但波兰、匈牙利和捷克三国的股票市场与西欧、美国以及英国等发达经济体的股票市场之间依然存在着较为紧密的联系，股票市场泡沫的破灭经由"传染效应"迅速地波及这些国家（Kizys & Pierdzioch，2011）。[③]

4.1.3 后危机时代银行主导型金融结构的调整

历经经济衰退的最低谷，中东欧五国于 2010 年全部实现了经

[①] Dabrowski, M., 2010. "The Global Financial Crisis and its Impact on Emerging Market Economies in Europe and the CIS Evidence from mid – 2010." *Case Network Studies & Analyses*, No. 411.

[②] 数据来源：World Bank. http：//data. worldbank. org/data – catalog/global – financial – development。

[③] Kizys, R. and Pierdzioch, C., 2011. "The Financial Crisis and the Stock Markets of the CEE Countries." *Czech Journal of Economics and Finance（Finance a uver）*. 6 (2)：153 – 172.

济正增长，五国平均真实 GDP 增速从 2009 年的 -4.4% 上升到了 2010 年的 2.6%，笼罩在经济基本面上空的"阴云"似乎正在散去，但欧洲主权债务危机的爆发使得中东欧国家刚刚开始复苏的经济增长重新蒙上阴影。两次危机推动了中东欧国家对以往金融发展和经济发展战略的重新思考和再认识，并由此在国家政策以及银行业发展和运营的宏微观两个层面开启了金融结构调整的进程。

1. 宏观金融稳定政策的实施促进了金融结构的调整

后危机时代，从全球范围来看，各国都更为强烈地意识到金融安全的重要性，力图在各自国家中构建一个更为平衡而又可持续发展的金融系统。从中东欧国家的政策实践看，一系列来自央行和政府的金融稳定政策付诸实施，并促进了银行主导金融结构的调整。首先，央行开始调整以往宽松的货币政策，转而加强银行系统监管，其中普遍采用的政策是调高长期利率以巩固银行系统流动性。其次，央行限制地方商业银行间的同业拆借、商业票据以及证券回购等批发性融资行为，减少货币市场的金融创新，回归"储蓄创造信用"的传统银行生存模式。再次，政府帮助企业清算债务，完善企业破产法律法规，并鼓励企业积极寻求非银行部门融资渠道（IMF，2013）。[①] 此外，由于央行和政府认识到了国内信用对于银行的过度依赖，包括斯洛伐克和斯洛文尼亚在内的欧元区更是直接提出要寻求资金来源的多样化，从银行转向资本市场，以此改善中小企业融资渠道，提高金融市场的效率（IMF，2015）。[②] 最后，即使外资银行海外母银行的坚守使得中东欧国家银行业没有遭遇巨额的资本外逃，但它们还是意识到外资银行在国内银行体系的统治地位本身就是高强度金融脆弱性的表现，因此削减外资银行所占比重

---

① IMF., 2013. "Global Financial Stability Report: Transition Challenges to Stability." Washington, DC: International Monetary Fund, Publications Services.
② IMF., 2015. "Global Financial Stability Report: Navigating Monetary Policy Challenges and Managing Risks." Washington, DC: International Monetary Fund, Publications Services.

以优化银行所有制结构同样成为银行业发展思路调整的重要环节,并且也在实际中取得了一定的效果。《中东欧国家银行部门报告-2014》数据显示,2013年中东欧五国银行系统中外资银行的市场占有率比2008年下降了3.5%,同时国有银行的市场占有率平均上升了7.7%。[①]

2. 兼顾"量与质"的银行业发展和运营思路促进了金融结构的调整

在国家政策的指引下,银行业的发展与运营思路也开始调整,即兼顾"量与质"共同发展,目的在于提高银行系统的安全性和营利性。所谓兼顾"量与质"指的是衡量银行业发展水平应从单纯依赖银行资产占GDP比重这一规模指标转移到兼顾银行系统质量指标,即安全性指标和营利性指标,甚至后者是更为重要的评价指标(Bokros,2009)。

按照第1章的方法,我们依然选取世界银行与IMF经常使用的银行部门Z统计值与银行监管资本占风险加权资产比重这两个指标来衡量后危机时代中东欧国家银行系统的安全性。表4-1显示,2010~2014年中东欧五国的银行部门Z统计值和银行监管资本比重都呈现出总体上升趋势,表明国内银行安全运营意识都得到了进一步增强以及银行监管措施的有效落实。同时,银行的运营与治理也更加偏重于对经济效益的追求,其中五国银行资产回报率都经历了程度与时间不等的上升势头。

3. 经济发展战略转向中国促进了金融结构的调整

为了寻求资金来源的多样性,弥补来自西欧资本流入的大幅下降,中东欧国家开启了经济发展战略转向中国的过程,这一战略转向一方面旨在缓解经济增长乏力的难题,另一方面则推动了股票市

[①] 数据来源:CEE Banking Sector Report2014, Raiffeisen Research, www.raiffeisenresearch.com。

表4-1 后危机时代中东欧国家选择的银行部门评价指标

单位：%

指标	国家	2010年	2011年	2012年	2013年	2014年
银行监管资本/风险加权资产	波兰	13.9	13.1	14.8	15.7	14.7
	捷克	15.3	15	15.6	16.5	17
	斯洛伐克	12.7	13.4	15.7	16.5	17.3
	匈牙利	13.9	13.8	16.3	17.4	16.9
	斯洛文尼亚	11.3	11.9	11.4	13.7	18
银行部门Z统计值	波兰	7.7	7.5	8.7	8.3	8.4
	捷克	4.4	4.3	4.9	4.6	4.6
	斯洛伐克	12.7	13.8	16.1	15.8	14.8
	匈牙利	4.2	4.6	5.3	5.6	5.3
	斯洛文尼亚	3.2	2.8	2.5	-0.3	5.8
资产回报率	波兰	0.9	1.2	1.2	1.1	1.1
	捷克	0.2	0.2	0.4	0.5	1.3
	斯洛伐克	1.3	1.2	1.4	1.4	1.2
	匈牙利	0.9	1.2	0.8	0.9	0.9
	斯洛文尼亚	0.2	1.1	1.6	2.6	0.2

数据来源：World Bank. http：//data.worldbank.org/data-catalog/global-financial-development；CEE Banking Sector Report (2014, 2016), Raiffeisen Research, www.raiffeisenresearch.com.

场这一直接融资渠道的扩充与增长，从而尽力填补在危机期间迅速蒸发的资本市场。转型以来，中东欧国家充分享受了经济全球化所带来的"红利"，成为国际资本涌入的热点地区，同时也促进了地区经济的快速增长（Gurgul& Lach，2014）。[①] 经济增长拉动了金融需求，融入欧盟则从制度与技术上完成了资本账户的完全对外开放，外资更为踊跃和便利地涌入中东欧国家金融系统。由于中东欧

---

① Gurgul, H. and Lach, L., 2014. "Globalization and Economic Growth: Evidence from two decades of transition in CEE." *Munich Personal RePEc Archive* (*MPRA*) *Working Paper*, No. 52231.

各国与西欧经济体关联度更高，西欧资本是该地区银行等金融领域资本的主要来源（刁秀华，2011）。[①] 但金融危机之后，欧元区银行系统不断紧缩银根，累积的银行流动性压力直接导致了向私人部门贷款规模的下滑，从而使得严重依赖外资的中东欧国家增长模式遭到了严重的挑战（徐刚、项佐涛，2010）。[②] 稍后爆发的欧洲主权债务危机进一步削弱了欧盟向中东欧投资的能力，导致中东欧国家对欧盟的资金依赖逐步降低，在这种情况下，中东欧国家开始实施战略转向，积极寻求来自"东方"的资金支持，更具体一点来讲是寻求来自中国资金的扶持（Stratfor，2013）。[③]

虽然日本和韩国对中东欧国家的投资始于更早的20世纪90年代，并且在中东欧国家的现有投资规模高于中国，但全球金融危机后，中国的增长势头无疑更加强劲，相反，由于同时受制于经济增长的乏力以及更小的经济规模，日本和韩国对中东欧国家的投资规模增长却相对乏力（McCaleb & Szunomar，2017）。[④] 联合国贸易和发展会议的统计数据显示，2012年中国的对外投资规模达到了878亿美元，排在美国与日本之后，但2014年的规模迅速攀升至1231亿美元，超过日本成为仅次于美国的世界第二大对外投资国。[⑤] 全球金融危机后，来自中国的资本越来越多地通过购买政府债券和低

[①] 刁秀华：《后危机时代新兴市场国家的发展前景——以中东欧国家为研究视角》，载《俄罗斯中亚东欧研究》2011年第3期，第31~40页。

[②] 徐刚、项佐涛：《金融危机下的中东欧：冲击及其应对》，载《现代国际关系》2010年第1期，第31~38页。

[③] Stratfor, 2013. "China: Beijing's Investment in Europe Reveals Long-Term Strategy." 11 - 27 - 2013. https://www.stratfor.com/sample/analysis/china - beijings - investment - europe - reveals - long - term - strategy.

[④] McCaleb, A. and Szunomar, A., 2017. "Comparing Chinese, Japanese and South Korean FDI in Central and Eastern Europe." In: Joanna Wardega (ed.). *China-Central and Eastern Europe Cross-Cultural Dialogue: Society, Business and Education in Transition*. Krakow: Jagiellonian University Press. 1: 199 - 212.

[⑤] 数据来源：UNCTAD STAT. "Foreign direct investment: Inward and outward flows and stock, annual, 1970 - 2015." http://unctadstat.unctad.org/wds/TableViewer/tableView.aspx? ReportId = 96740.

价收购或参股欧洲公司的方式进入欧洲的金融系统（Pencea & Oehler-Sincai，2014）。[①]

2012~2013年，由中国倡议并主导的中国与中东欧国家"16+1"合作以及"一带一路"倡议相继出台，这为中国与中东欧国家搭建了一个更具活力和发展潜力的金融合作平台。从2012年4月第一次中东欧国家与中国峰会到2016年11月第五次中国—中东欧国家领导人会晤，中国与中东欧国家之间签订了一系列战略合作协议或合作纲要。这些举措促进了中国与中东欧国家在金融、投资、互联互通、贸易、产能、农林以及人文等诸多领域的合作，建立并逐步巩固了中国与中东欧国家的全面合作伙伴关系。

中国于2012年向中东欧国家提供的100亿美元专项贷款代表了中国资本融入中东欧国家资本市场的开始（Dumitrescu，2015）。[②] 此后，中国企业也开始越来越多地进入中东欧国家市场，截至2015年6月，据不完全统计，中国企业在中东欧国家的投资超过50亿美元，涉及机械、化工、IT、电信、家电、汽车、汽车零部件、物流商贸、新能源、研发、金融、农业等领域，投资形式包括股权投资、并购以及绿地投资。2016年，中国与中东欧国家的经济合作进入全面对接的新阶段，中国企业投资中东欧呈现快速发展势头，前三季度对中东欧国家的投资增长接近90%[③]。2016年11月，"中国—中东欧金融控股有限公司"正式成立，由该公司发起设立的"中国—中东欧基金"的规模预计将达到100亿欧元的

[①] Pencea, S. and Oehler-Sincai, I. M., 2014. "Chinese Outward Direct Investment in Central and Eastern European Countries-A Romanian Perspective." *Romanian Economic and Business Review*. 9 (2): 45 – 72.

[②] Dumitrescu, G. C., 2015. "Central and Eastern European Countries Focus on the Silk Road Economic Belt." *Global Economic Observer*. 3 (1): 186 – 197.

[③] 数据来源：《李克强在第六届中国—中东欧国家经贸论坛上的主旨演讲（全文）》，2016 – 11 – 07，中国政府网，http://www.gov.cn/guowuyuan/2016 – 11/07/content_5129420.htm。

规模。[①]

4. 中东欧国家之间的直接投融资促进了金融结构的调整

中东欧国家还通过加强区域金融合作提升相互之间的直接投融资合作水平。全球金融危机对中东欧国家的股票市场产生了巨大冲击。为提高本国股票市场的抗风险能力，中东欧国家尝试通过在区域内部寻找直接投融资伙伴的方式抱团取暖，在这一过程中，由匈牙利的布达佩斯证券交易所、斯洛文尼亚的卢布尔雅那证券交易所、捷克的布拉格证券交易所以及奥地利的维也纳证券交易所组成的中东欧国家证券交易所集团无疑发挥了关键作用。该集团公司致力于建立统一的交易法则和清算基础设施，增强市场透明度、提供多样化的金融工具与金融产品。[②] 2011 年上述四个证券交易所交易额已经达到了中东欧国家的 60%，达成了 18 亿欧元的首次公开募股（IPOs），这为 2012 年之后中东欧国家股票市场的恢复奠定了坚实的基础（Stefanova & Kalaydzhieva, 2014）。[③] 为推动区域金融一体化，中东欧国家借助了欧洲区域发展基金资助的欧盟"凝聚政策"，主要的政策工具是其中的"INTERREGIVC"和"URBACT II"项目，其中"INTERREGIVC"项目在创新与知识经济、环境与风险防控等方面为地区国家提供帮助，"URBACT II"项目的作用则在于对地区中城市的经济、社会与环境发展提供帮助。在项目实施过程中，中东欧证券交易所集团控股公司是主要的完成媒介，它为加大中东欧国家间的直接投融资比重，提高融资效率，降低融资成本做出了重要贡献。

---

① 数据来源：《中国—中东欧基金成立》，2016 – 11 – 07，中国与中东欧国家经贸合作网，http：//www.china – ceec.com/dtyw/2016/1107/13897.html。

② 资料来源为中东欧国家证券交易所集团公司网站，详见：Organization & Structure of CEESEG AG. 02/03/2017. http：//www.ceeseg.com/organization – structure/。

③ Stefanova, J. and Kalaydzhieva, Z., 2014. "Strengthening the Regional Integration in Central and Eastern Europe through Cohesion Policy Instruments and Cooperation among Stock Exchanges." *Global Economic Observer*. 2 (1)：76 – 87.

4.2 银行主导型金融结构的经济增长效应

4.2.1 金融结构的外资银行主导对经济增长的影响

图4-3明确地显示出银行信用增速快于经济增速,并且二者之间呈现拟合度较高的同向发展趋势。可以看出,1999年以后中东欧国家信用扩张及经济增长经历了两次比较大的波动,第一次是1999~2002年的下降及2003~2007年的上升;第二次是2008年全球金融危机以后的波动。

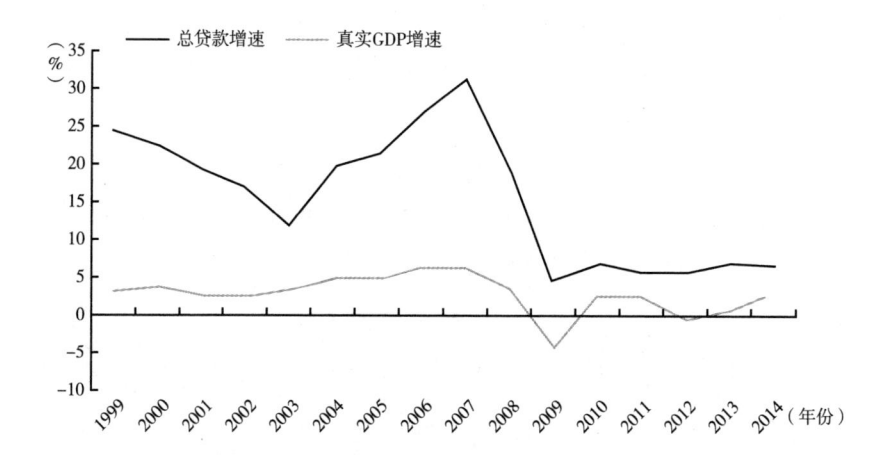

图4-3 中东欧五国银行总贷款增速与经济增长增速变动趋势

注:由于最早的报告始于2004年,根据该报告,数据最早年份只能从1999年开始。

数据来源:CEE Banking Sector Report(2004、2005、2008、2010、2014、2016),Raiffeisen Research,www.raiffeisenresearch.com.

1999~2002年中东欧国家信用增速持续下降以及经济增速先升后降的变动趋势与三方面因素不无关联:东亚金融危机、美国股市泡沫的破灭以及银行系统正处于加入欧盟前的关键准备期。虽然受到波及的程度有限,但中东欧国家在东亚金融危机中还是或多或少地受到了影响,其 GDP 年增速于 1998 年第 4 季度降至危机期间最低点。此后,随着东亚金融危机逐渐进入尾声,以及本国货币的贬值,逐渐改善了与当时作为中东欧国家最重要贸易伙伴的俄罗斯和德国的贸易环境,中东欧国家经济增速在 1999 年得以恢复 (Pöschl, 2000)。[1]但刚刚缓和的国际环境和国内经济增长势头随着美国股市泡沫的破灭而再度恶化。美国纳斯达克指数从 2000 年 3 月 10 日历史最高的 5048 点降至 2001 年 3 月 20 日历史最低的 1830 点,约 4 万亿美元资产蒸发殆尽,并且股市的暴跌借由"财富效应"致使美国国内消费大幅下降,实体经济受到了严重冲击(甄炳禧,2001)。[2] 东亚金融危机和美国经济颓势限制了中东欧国家出口企业的增长和外资流入的意愿与规模,银行提供国内信用规模增速与国内投资需求和规模也因此同步下降。除了东亚金融危机和美国股市泡沫破灭的外部冲击,导致这一时期中东欧国家银行信用与经济增速的下降还有一个重要的内部原因,就是银行系统为加入欧盟而必须经历的改革阵痛。2003 年之前的这段时间正处于中东欧国家加入欧盟前的关键准备期,在此期间的主要工作就在于银行监管体系的完善以及配套法律制度的提升,目的是为了满足欧盟对中东欧国家银行系统在制度框架上的统一要求。但也正是因为国内银行系统正处于从原有模式向德国模式以及从不完善向日臻完善的转换过程之中,其在外部环境变化时缺乏足够的应对弹性,也无法在这段时间充分承担为经济增长恢复提供所需资金的责任。

伴随着美国经济的复苏、全球经济环境回暖以及入盟改革准备的完成,中东欧国家经济从 2003 年开始逐渐恢复,特别是 2004 年加入欧盟进一步加速了中东欧国家融入欧洲的步伐,突出表现在银行系统的对外开放及其对国内投资及经济增长的促进作用。中东欧

---

[1] Pöschl, J., 2000. "CEECs on Track for Economic Growth." *WIFO-Monatsberichte.* 73 (5): 329–340.

[2] 甄炳禧:《美国股市泡沫破灭之后》,《世界知识》2001 年第 8 期,第 30~31 页。

国家银行系统的对外开放是继第一轮"表面私有化"过程结束之后的第二轮私有化的政策选择，并且在该轮私有化过程结束的时候，外资银行占据了中东欧国家银行系统的主导地位（Barisitz, 2008）。[①] 中东欧国家银行私有化最初的任务在于通过处理不良贷款和提高银行系统的资本充足率恢复银行提供最基本国内信用的能力。政府在此过程中发挥了关键作用，主要方式包括将银行不良贷款直接剥离给政府（例如捷克），或通过发行国债将从国内民众手中吸收的资金注入银行系统（例如匈牙利），抑或是通过建立银行私有化基金为国有银行补充资本（例如波兰）（闻岳春、周怡琼，2012）。[②] 这种依托政府政策和国内民众资金支持的第一轮银行私有化被称为"表面私有化"，因为政府仍然通过参股方式干预商业银行的运营决策，银行资产出售或转让的对象则主要是国内投资者、普通民众以及银行内部人。为了彻底改变银行的"政策性属性"，盘活银行资产，优化银行治理模式，吸收更多的资本，中东欧国家开始改变原有的私有化战略，开始将银行资产直接售卖给外国投资者（Barisitz, 2008）。外资银行在中东欧国家银行系统中逐渐占据了主导地位，中东欧五国外资银行数目占国内银行总数的比重的平均值从1995年的33.15%猛增至2000年的91.36%，其中捷克所占比重最低为40%，而斯洛文尼亚则达到了217.9%，其他三国也都超过了57%；截至2005年，中东欧五国外资银行所占国内银行总资产比重的平均值已达到51.6%（Aydm, 2008）。

外资银行的进入弥补了国内银行系统私有化过程中所表现出的在为企业提供信用方面能力的不足（De Haas & Van Lelyveld, 2006）。由于外资银行及其分支机构可以不受进驻国国内金融条件

[①] Barisitz, S., 2008. "Banking transformation (1989 – 2006) in central and eastern Europe-with special reference to Balkans." *Bank of Greece Working Paper*, No. 78.

[②] 闻岳春、周怡琼：《中东欧国家银行业引进境外战略投资者的经验与启示》，《上海金融》2012年第1期，第97~99页。

的限制，因此能够提供更多的贷款给国内私人部门（Clarke et al.，2003）。此外，外资银行资产比重的扩大也完善了国内银行系统的制度建设，并提升了国内信用水平。以波兰、捷克和匈牙利为例，三国的外资银行资产比重与改革指数呈正相关，而三国平均银行业综合改革指数从1995年的3.0上升至2005年的3.9，数据的提升意味着三国银行业的相关法律、法规与国际清算银行逐渐趋向一致，进而从制度上保证了私人企业能够从各自的银行系统中获得大量的定期贷款（窦菲菲，2009）。[①] 最后，随着外资银行的涌入，中东欧五国国内银行部门管理费用占总资产比例的平均值也从2005年的3.33%下降至2014年的1.95%，国内银行系统效率得到了整体提升，而银行效率的提升将优化银行系统利润率，从而为扩大国内信用以及进一步提高投资水平奠定更为坚实的基础。

加入欧盟进一步提升了中东欧国家银行系统对外开放的程度。中东欧五国于2004年全部正式成为欧盟成员国，五国银行系统也都在国际货币基金组织和欧洲复兴开放银行的帮助下建立起了更为完善的二级商业银行体系。金融系统的对外开放是加入欧盟的必要条件，因此为外资银行的涌入进一步扫清了法律障碍，并再次激发了外国资本借由银行通道涌入实体经济部门。从图4-4可以看出，2003~2007年中东欧五国银行系统向私人部门提供的信贷规模一改之前颓势，出现了明显的增长势头，由此也带动了投资水平的显著提升。

4.2.2 危机后金融结构调整的经济增长效应

全球金融危机使得中东欧国家经济增长陷入谷底，宏观经济政策与战略随之改变，也促使金融结构做出相应调整。那么，后危机

[①] 窦菲菲：《转型国家银行改革及其对经济增长影响分析——基于外资银行视角》，法律出版社，2009，第195页。

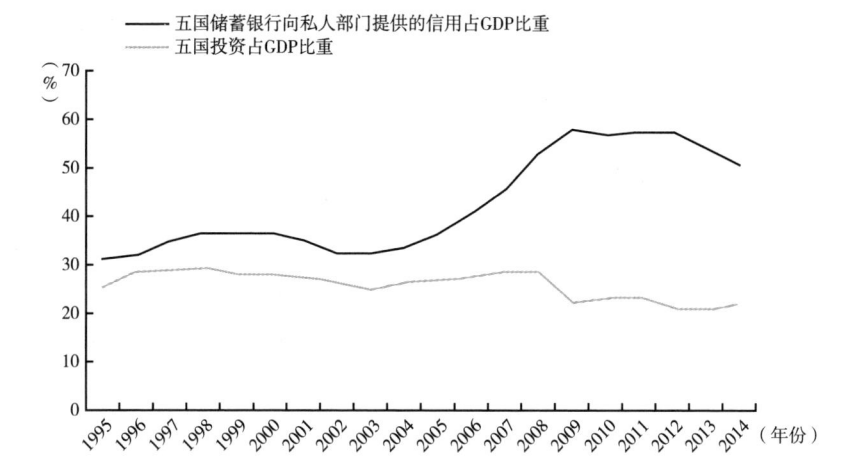

第4章 中东欧国家金融发展与经济增长的相关性分析

图 4-4 中东欧五国银行提供私人部门信用与投资变动趋势

注：由于 IMF 没有提供捷克 1993~1994 年的投资占 GDP 比重数据，因此该图代表的趋势为 1995~2014 年。

数据来源：World Bank. http://data.worldbank.org/data-catalog/global-financial-development；

IMF. http://www.imf.org/external/pubs/ft/weo/2016/02/weodata/weoselgr.aspx.

时代金融结构的调整对中东欧五国经济增长又产生了怎样的影响？虽然中东欧五国于2010年全部恢复了经济正增长，但却同欧元区和欧盟一样，于2011~2012年间再度发生了逆转。原因主要在于欧债危机的蔓延，国际消费市场的持续疲软以及美国财政支出的缩减和税收的增加（IMF，2012）。① 不过，与欧元区和欧盟经济持续低迷的总体表现不同，中东欧五国经济增长率在2012年之后明显好转（见表4-2），而2012年恰是中国与中东欧国家"16+1"战略实施元年。中资企业通过并购、入股、上市等多种方式推动了中东欧国家股票市场的发展。与此同时，中东欧国家证券交易所集团也在中东欧国家间发挥了更大的融资平台作用。这些努力都为经济

---

① IMF., 2012. "World Economic Outlook (WEO): Coping with High Debt and Sluggish Growth." *Washington, DC: International Monetary Fund, Publications Services.*

增长拓宽了直接融资渠道，中东欧国家股票市场市值在 2012～2014 年有了一个明显的提升。此外，伴随着银行经营思路的调整，银行安全性与营利性也随之得到加强。在股市和银行双重变动趋势作用下，中东欧五国不仅最大限度地补充了经济增长所需资金，遏制住了国内投资水平下滑的趋势并使其有所上升，同时也提升了资金使用的效率与安全性。这样，中东欧五国金融结构的调整为后危机时代经济增长提供了必要的金融支撑。表 4-2 表明，2014 年中东欧五国经济增长率达到了 3.1%，仅落后于东亚和太平洋地区，但高于此次全球金融危机的发源地美国、欧债危机的重灾区欧元区和欧盟以及同为转轨国家的俄罗斯。

表 4-2 所选地区/国家 GDP 增长率

单位：%

年份	中东欧五国	欧元区	欧盟	东亚和太平洋地区	美国	俄罗斯
2008	3.4	0.4	0.5	3.6	-0.3	5.2
2009	-4.4	-4.5	-4.4	1.4	-2.8	-7.8
2010	2.6	2.1	2.2	7.3	2.5	4.5
2011	2.4	1.6	1.7	4.6	1.6	4.3
2012	-0.4	-0.9	-0.5	4.8	2.2	3.5
2013	0.7	-0.3	0.2	4.6	1.7	1.3
2014	3.1	1.2	1.6	4.0	2.4	0.7

数据来源：World Bank. http：//data. worldbank. org/indicator/NY. GDP. MKTP. KD. ZG? locations = CN.

4.2.3 主要结论

将银行作为资源配置最重要的金融介质是中东欧国家转型之初的共同政策选择，并在经济赶超的过程中促进了经济的快速增长。虽然迄今为止，中东欧国家仍然保持着以银行为主导的金融结构，并且在金融危机最为严重的 2008～2009 年间银行的主导地位还得

第4章 中东欧国家金融发展与经济增长的相关性分析

到了进一步加强,但全球金融危机以及随后发生的欧洲主权债务危机也促使中东欧国家反思银行主导金融结构所带来的金融系统脆弱性以及由银行主导的金融系统性风险对国家经济增长所带来的现实影响与潜在风险。银行主导的金融结构也在后全球金融危机时代发生了一系列的变化,即银行作用与规模的下降以及股票市场的提升。促使金融结构调整的动力主要源自四个方面:第一,推动银行主导金融结构调整首先源自后危机时代中东欧国家对于审慎金融政策的认同与实施;第二,促进金融结构调整在微观层面的措施来自银行业发展与运营思路的转型,即从注重规模调整为对运营质量的追求;第三,后危机时代,经济增长的下降和债务问题产生使得欧盟对中东欧国家资金扶持"有心无力",而此时中国主导的"16+1"合作平台与"一带一路"倡议正在积极寻求来自欧洲的落脚点,两方面因素促使中东欧国家产生经济增长战略转向中国以寻找新的外部资金来源来尽力填补和扩充日渐枯竭的直接融资资本市场;第四,力图更为充分地发挥中东欧国家之间资本市场的直接投融资渠道作用同样是后危机时代中东欧国家寻求经济增长资金多元化,并促进股票市场发展的又一可行措施。虽然在后危机时代受到了欧债危机持续发酵和全球经济增长恢复乏力等国际环境的影响,中东欧国家金融结构调整的成果仍为经济增长提供了重要的支撑动力。

第5章　中东欧国家及俄罗斯转型国家中的金融脆弱性

5.1　中东欧国家及俄罗斯的金融深化与金融脆弱性

金融深化本身即蕴含着金融脆弱性，这是许多学者在研究发展中国家和转型国家金融发展与金融深化时存在的一种广泛的认识。关于金融深化最著名的理论来自20世纪70年代罗纳德·麦金农和爱德华·肖的研究成果，认为金融变量在发展中国家中往往受到抑制而难以发挥其作为金融杠杆的功能，因此金融自由化是金融深化的必要手段，并且强调发展中国家应减少行政手段对金融自由化的干预。[①]，不过，Demirguc-Kunt and Detragiache（1998）指出，虽然金融自由化对经济增长有积极的作用，但同样也会增加国家金融脆弱性风险，特别是在金融机构尚未完善的发展中国家和金融抑制的转型国家，原因就在于金融自由化能够增加银行冒险的机会，即任何一种能够阻止银行经理正确评估贷款风险的机制都是非常危险的。政府对储户或其他银行的债券持有人所做出的明确的或暗示的承诺所产生的道德风险则更为危险。因此，终止金融系统自由化发

[①] 张振家：《东亚地区货币竞争与人民币国际化研究》，辽宁大学出版社，2013，第67页。

展对于降低金融脆弱化风险是有效的,但还要取决于政府的判断,即金融脆弱性的成本是否超过了金融自由化所带来的收益,以及政府是否期望通过监管来降低金融市场失败的风险而并非加强这种风险。[1] Kaminsky and Reinhart (1996) 也强调一些国家的金融自由化伴随着降低或完全放弃对国际资本移动的控制,这将导致新兴的金融中介冒着外汇风险去购入国际外汇市场中的外币并将其借给国内的非对冲借款人,此时货币风险将转化为信用风险,货币危机将毫无疑问地在银行危机之前或伴随着银行危机发生。[2] 此外,Gennaioli et al. (2010) 结合此次发源于美国的全球金融危机着重分析了金融自由化所引发的金融过度创新与监管失位问题。[3] 为此,政府应首先加强对金融创新的监管,并且特别需要对金融中介对投资人资金保证的明示或者暗示的监管。此外,政府部门还应该要求这些金融中介持有足以支撑其保证客户本金的资金,以最大限度地防止市场的崩盘。[4]

Bonin and Wachtel (2005)[5] 则专门研究了转型国家的金融深化过程,认为金融深化本身就蕴含着金融脆弱性,甚至是银行业危机,并且那些金融深化程度越高,金融深化进程越快的国家在转型过程中所表现出的金融脆弱性就越强。转型国家金融深化过程中的金融脆弱性主要表现为坏账及与国有银行之间的非友好竞争关系、制度框架的发展,以及对解决危机和银行私有化的承诺。

---

[1] Demirguc-Kunt, Asli., Detragiache, Enrica. Financial Liberalization and Financial Fragility, Policy Research Working Paper No.1917, The World Bank, 1998.
[2] Kaminsky, G., Reinhart, C, M. The Twin Crises: The Causes of Banking and Balance of Payments Problems, Federal Reserve Board, Washington, DC, 1996.
[3] Gennaioli, Nicola., Andrei, Shleifer., Robert, W, Vishny. Neglected Risks, Financial Innovation, and Financial Fragility, NBER Working Paper No. 16068, 2010.
[4] Stein, Jeremy. Monetary Policy as Financial Stability Regulation, Harvard University Working Paper, 2010.
[5] Bonin, John., Wachtel, Paul. Dealing with Financial Fragility in Transition Economies, BOFIT Discussion Paper, 2005.

表 5-1 显示了转型初期俄罗斯及中东欧部分转型国家的银行坏账比例,可以看出,总体上各国银行的坏账比例都很高,其中波兰、捷克、乌克兰、斯洛伐克以及匈牙利等国家平均都超过了 20%,斯洛伐克和乌克兰甚至超过了 30%,比较而言,保加利亚和斯洛文尼亚的比例较低一些,但也都在 10% 左右,只有爱沙尼亚是个例外,银行坏账比例一直未超过 4%。

表 5-1 中东欧国家及俄罗斯银行坏账比例

单位:%

国家\年份	1993	1994	1995	1996	1997	1998	1999	2000
保加利亚	6.7	6.8	12.5	15.2	13.0	11.8	17.5	10.9
克罗地亚	—	12.2	12.9	11.2	8.2	12.6	20.6	19.7
捷克	—	36.0	26.6	21.8	19.9	20.3	21.5	19.3
爱沙尼亚	—	3.5	2.4	2.0	2.1	4.0	2.9	1.5
匈牙利	20.7	21.4	18.6	18.7	20.4	20	20.8	23.2
哈萨克斯坦	—	—	14.9	19.9	6.0	4.7	5.5	2.1
拉脱维亚	—	11	19	20	10	6.8	6.8	5
立陶宛	—	27	17.3	32.2	28.3	12.5	11.9	10.8
波兰	36.4	34	23.9	14.7	11.5	11.8	14.5	15.9
罗马尼亚	—	18.5	37.9	48	56.5	58.5	35.4	3.8
俄罗斯	—	—	12.3	13.4	12.1	30.9	25.8	15.3
斯洛伐克	12.2	30.3	41.3	31.8	33.4	44.3	32.9	26.2
斯洛文尼亚	—	13.8	9.3	10.1	10	9.5	8.6	8.5
乌克兰	—	—	—	—	—	34.6	34.2	32.5

资料来源:Bonin & Wachtel,2003。

随着转型的深入推进,大部分转型国家银行的坏账比例都出现了下降,其中捷克、爱沙尼亚、拉脱维亚、立陶宛、波兰以及斯洛文尼亚等国的成果尤其显著,比如捷克国内银行的坏账比例从 1994 年的 36% 下降至 2000 年的 19.3%,波兰更是从 1993 年的 36.4% 大幅下降至 2000 年的 15.9%。与之形成鲜明对比的是保加利亚、克罗地亚以及匈牙利,这三个国家的银行坏账比例在90年代期间不升反降,比如1993年至2000年保加利亚的银行坏账比例从6.7%上升至10.9%,克罗地亚则从1994年的12.2%上升至2000年的19.7%。这表明在转型深化的过程中,银行业的脆弱性反而增强了。俄罗斯与乌克兰的相应数据变化不大,银行业的脆弱性程度没有得到明显降低。

此外,Bonin and Wachtel(2005)还提出金融深化过程可以从两个方面来进行衡量,即M2/GDP比率以及由银行所提供的国内信用/GDP比率。如果一个国家的经济增长过多依靠银行存款而非现金,那么该国的银行危机程度就较高,破坏性也较大。只要政府能够建立起一种有效的货币分配机制,那么银行破产就不会产生较强的系统性影响。表5-2和表5-3提供了保加利亚等七个国家的金融深化程度测算结果。经济转型初期的超级通货膨胀能够降低金融深化的程度,特别是罗马尼亚,其M2/GDP比率水平相对最低,银行提供的国内信用占GDP比重从1992年开始也处在平均较低的水平,因此可以判定罗马尼亚的金融脆弱性水平也较低。俄罗斯的M2/GDP水平同样很低,但其经济增长对于银行信用的依赖要强于罗马尼亚。反观捷克和匈牙利两国的指标,其在20世纪90年代的金融深化程度很高,因此,银行危机的后果也很严重。保加利亚的金融脆弱性水平处在中间层次。

表5-2　1990~2003年主要转型国家M2/GDP比率

年份	保加利亚	中国	捷克	匈牙利	波兰	罗马尼亚	俄罗斯
1990	—	0.18	—	—	—	—	—
1991	0.10	0.19	—	—	—	—	—
1992	0.14	0.20	—	—	—	—	—
1993	0.16	0.25	0.22	0.23	0.11	0.03	0.04
1994	0.14	0.20	0.26	0.23	0.13	0.05	0.04
1995	0.17	0.23	0.33	0.21	0.16	0.06	0.07

续表

年份	保加利亚	中国	捷克	匈牙利	波兰	罗马尼亚	俄罗斯
1996	0.06	0.26	0.32	0.21	0.16	0.06	0.08
1997	0.08	0.29	0.26	0.19	0.16	0.06	0.08
1998	0.09	0.31	0.31	0.19	0.19	0.07	0.04
1999	0.08	0.32	0.26	0.18	0.18	0.06	0.04
2000	0.09	0.33	0.27	0.17	0.19	0.06	0.06
2001	0.10	0.34	0.30	0.19	0.22	0.06	0.07
2002	0.13	0.37	0.37	0.26	0.21	0.08	0.08
2003	0.18	0.40	0.44	0.30	0.22	0.09	0.11

资料来源：Bonin 和 Wachtel，2005。

表 5－3　1990～2003 年主要转型国家银行提供的国内信用/GDP 比率

单位：%

年份	保加利亚	中国	捷克	匈牙利	波兰	罗马尼亚	俄罗斯
1990	—	90.0	—	105.5	19.5	79.7	—
1991	118.5	92.6	—	101.4	34.8	62.4	—
1992	120.7	92.0	—	96.2	38.2	31.7	—
1993	133.1	103.2	74.3	97.0	40.6	21.2	25.9
1994	103.5	92.2	75.9	93.1	36.7	18.5	31.7
1995	68.8	91.2	75.9	82.3	32.0	23.6	25.5
1996	108.7	97.8	72.2	72.1	33.2	28.9	27.8
1997	20.8	106.8	72.3	66.2	34.1	18.7	29.5
1998	15.6	121.9	64.2	62.9	35.1	21.7	44.9
1999	15.3	130.4	59.7	52.7	37.6	17.9	33.3
2000	17.8	132.7	54.5	54.7	34.1	14.0	24.7
2001	20.2	138.6	49.4	50.1	36.2	12.2	25.3
2002	23.7	166.4	45.8	53.0	36.2	13.2	26.6
2003	—	—	—	—	—	—	—

资料来源：Bonin 和 Wachtel，2005。

5.2 中东欧国家与俄罗斯的美元化与金融脆弱性

Eichengreen 和 Hausmann（1998）提出消除引发金融脆弱性原罪假设的主要方法即采用美元化货币政策，这样才能消除货币错配风险，才能获得更多的外资注入。这显然是一种支持美元化及其货币与金融政策的看法。但美元化能够给转型国家带来真正稳定的金融发展吗？美元化是否会引发或加重这些国家的金融脆弱性？美元化在转型国家的具体表现又是怎样的呢？刘洪钟和张振家（2011）[①] 对中东欧国家和俄罗斯的美元化程度进行了测算，提出了美元化产生的原因，并指出美元化正是引发这些国家金融脆弱性的重要诱因。

5.2.1 美元化程度测算

对一国美元化程度的衡量可以通过资产替代和货币替代两个方面来进行，前者用外币存款占 M2 的比例来衡量，后者则用流通领域中外币持有量占流通货币总量（流通领域中的本币与外币之和）进行衡量。由于获取有关流通领域中外币持有量的相关数据比较困难，诸如 IMF 等国际组织在衡量一国美元化程度时最常用的方法一般都只使用衡量一国资产替代程度的方法。[②] 但这种方法最大的一个问题是，它可能由于没有统计流通领域被遗漏的外币数量而低估一国的美元化程度。在存在美元化问题的转型国家，官方记录的货币供应量通常都小于有效的广义货币供应量（M2 + 流通领域中外币持有量），说明这些国家的确存在大量不被央行所控制的被遗

[①] 刘洪钟、张振家：《转轨经济的去美元化：以俄罗斯和东欧为例》，《俄罗斯中亚东欧研究》2011 年第 1 期，第 46~52 页。

[②] Feige, Edgar L.: The Dynamics of Currency Substitution, Asset Substitution and De facto Dollarization and Euroization in Transition Countries, *Comparative Economic Studies*, Fall, 2003, P4.

漏的外国货币。因此，对货币替代程度进行合理估算，对于我们整体把握转型国家的美元化问题具有重要的补充意义。

1. 资产替代程度分析

利用资产替代衡量的俄罗斯与中东欧国家的美元化程度可见于表 5-4 和表 5-5。根据 Balino 等人（1999）的研究，若一国资产替代程度高于 30%，那么该国就可以被称为"高美元化"国家。[①]按此标准，2001 年大多数转型国家都可以归为高美元化国家的行列。其中克罗地亚和马其顿的资产替代程度列前两位，分别为 67.9% 和 58.1%，罗马尼亚、保加利亚、斯洛文尼亚、白俄罗斯、乌克兰、萨尔瓦多、高加索地区三国以及中亚五国也都超过 30%。波兰、斯洛伐克和匈牙利相对较低，在 15%~17% 之间，捷克的资产替代程度最低，为 11.1%。

表 5-4　2001 年中东欧国家资产替代程度（外币存款/M2,%）

克罗地亚	67.9	斯洛文尼亚	35.3
捷克	11.1	阿尔巴尼亚	22.4
匈牙利	16.3	保加利亚	39.2
波兰	15.6	马其顿	58.1
斯洛伐克	15.6	罗马尼亚	42.8

资料来源：Edgar L. Feige, The Dynamics of Currency Substitution, Asset Substitution and De facto Dollarization and Euroization in Transition Countries, *Comparative Economic Studies*, Fall, 2003, P4.

表 5-4 还动态地反映了俄罗斯与原苏联加盟共和国美元化程度的变化。从 1993 年到 2001 年，除了俄罗斯，其他各国都经历了一个美元化程度不断加深的过程。其中，中亚各国资产替代程度平均上升最快，增幅达到 86.8%；其次是波罗的海国家，增幅为 35%；包

[①] Balino, Tomas, Adam Bennett and Eduardo Borensztein: Monetary Policy in Dollarized Economies. Occasional Paper 171, Washington, DC: International Monetary Fund, 1999.

括白俄罗斯、乌克兰、萨尔瓦多在内的其他欧洲国家增长 20.4%；增幅最小的国家是高加索地区国家（7.2%）。相比较而言，俄罗斯的资产替代程度从 1993 年到 2001 年呈现微弱的下降趋势。

表 5-5　俄罗斯及其他原苏联加盟共和国资产替代程度

（外币存款/M2，%）

地区/国别＼年份	1993	1998	2001	2001 比 1993 增长
俄罗斯	29.5	29.9	24.5	-17.0
波罗的海国家[a]	20.0	22.8	27.0	35.0
其他欧洲国家[b]	25.5	32.3	30.7	20.4
高加索地区国家[c]	29.2	18.5	31.3	7.2
中亚地区国家[d]	19.0	19.0	35.5	86.8

注：此表为作者依据 IMF European II Department Database 数据编制而成；美元化指数地区增长率数据由作者计算得出。[a]波罗的海国家包括爱沙尼亚、拉脱维亚和立陶宛；[b]其他欧洲国家包括白俄罗斯、摩尔多瓦和乌克兰；[c]高加索地区国家包括亚美尼亚、阿塞拜疆和格鲁吉亚；[d]中亚地区国家包括哈萨克斯坦、塔吉克斯坦、土库曼斯坦、吉尔吉斯斯坦和乌兹别克斯坦。

2. 货币替代程度分析

尽管想精确获知转型国家居民手中究竟持有多少美元或其他外币用于交易很不容易，但一些专家学者、金融机构以及其他国际组织仍为此做出了巨大努力，通过替代方法，获得了许多有价值的数据。普遍做法是从研究美国出发，寻找并统计美元在美国本土以外国家和地区流通的数量和流向，从而估计美元在世界范围内替代他国货币在交易中充当媒介的程度。事实上，过去 20 年美国海关总署一直致力于关注美元在美国以外地区和国家流通的相关信息。美国货币和国外交易报告法（CFTRA）要求任何涉及总额超过 1 万美元国际交易业务的个人或机构必须提交一份"国际业务中货币及货币工具使用报告"（CMIR），列明其在国际交易中所使用的货币工具。这为人们获得并分析美元在美国本土以外替代他国货币进行交易的数据提供了可能性。与此同时，美联储和美国财政部也通过非正式的访谈和调查获得了一些数据。奥地利银行（ONB）也对类似调查分析做出了贡献。利用这些机构的数据，Feige 和 Dean（2002）计算阐明了1997~2001年俄罗斯及中东欧转型国家流通领域中的人均美元及其他种类外币持有量。[①] Feige（2003）经过进一步计算得出2001年约有580亿美元在美国本土以外地区流通，其中约29%存在于转型国家的流通领域，这是一个相当高的水平。表5-6具体反映了2001年俄罗斯及中东欧转型国家的货币

表5-6 2001年中东欧国家及俄罗斯货币替代程度
（流通领域外币/外币+本币）

国家	人均持有外币数量（单位：美元）	流通领域外币占货币流通总量比例(%)
克罗地亚	117	35
捷克	129	21
匈牙利	25	6
波兰	93	27
斯洛伐克	123	28
俄罗斯	903	87
斯洛文尼亚	329	54
阿尔巴尼亚	46	14
保加利亚	125	41
马其顿	5	5
罗马尼亚	61	55

资料来源：Feige, Edgar L.: The Dynamics of Currency Substitution, Asset Substitution and De facto Dollarization and Euroization in Transition Countries, *Comparative Economic Studies*, Fall, 2003, P13.

---

① Feige, Edgar L. and James W. Dean, Dollarization and Euroization in Transition Countries: Currency Substitution, Asset Substitution, Network Externalities and Irreversibility, Paper presented at the Fordham University International Conference on "Euro and Dollarization: Forms of Monetary Union in Integrating Regions" April 5-6, 2002, New York.

替代程度。表中第一列数据表明，2001年除了匈牙利、阿尔巴尼亚、波兰、马其顿以及罗马尼亚以外，其余国家的人均外币持有量均超过了100美元，其中俄罗斯和斯洛文尼亚两国人均持有外币量最高，分别为903和329美元。马其顿人均持有外币量最低，仅为5美元。从第二列的数据可以看出，2001年俄罗斯、罗马尼亚和斯洛文尼亚三国流通领域中外币占货币流通总量的比例均超过了50%，其中俄罗斯更高达87%。保加利亚、波兰和斯洛伐克的流通领域中外币数量占流通领域货币总量的比例也都超过或接近1/3。匈牙利和马其顿的货币替代程度最低，分别为6%和5%。

5.2.2 美元化产生的原因

世界范围内大部分国家都或轻或重存在美元化问题，也都有形成美元化现象各自的原因。比较而言，转型国家出现美元化问题有其独特的成因。首先，转型初期，俄罗斯与中东欧国家普遍实施以私有化、自由化和稳定化为主要内容的"休克疗法"，导致经济大幅下滑和物价恶性膨胀，从而使得各国民众对本国货币失去信心。[1]

其次，转型以来，俄罗斯与中东欧国家的经济增长主要靠出口支撑，并且随着汇率制度从固定汇率到浮动汇率的逐步转变，转型国家的国际贸易受外部影响程度更大，脆弱性更强，因此对稳定的汇率依赖程度更高。但不幸的是，由于转型国家商品成本高，质量低，在国内外市场缺少竞争力，从而发生巨额贸易逆差。为此，中央银行往往不得不常常直接干预汇率。[2] 但由于转型国家外债比重过大，通货膨胀居高不下，所以依靠扩大货币供给量以图降低汇

---

[1] 1991~1995年期间，多数国家的通货膨胀都达到三位数，四位数也不稀奇，创纪录的乌克兰1993年竟高达10256%（参见姚先国：《东欧国家经济体制转型的进展与启示》，《世界经济文汇》1997年第4期，第7~13页）。

[2] Keller P, Richardson T: Nominal Anchors in the CIS. IMF Working Paper, No.03/179, 2003.

率，虽然在一定时期内可以推动出口，缓解贸易逆差，但从另一个角度看，汇率的强行下调会使得外债负担加重，通货膨胀变得更糟。实际上，为了控制持续走高的通胀水平和贸易逆差，俄罗斯与中东欧各国央行普遍采用了限制型的货币政策，大幅度削减国家支出，提高贷款利率，因而汇率传导链被破坏了。结果导致本币信用等级日趋下滑，持有美元进行货币替代就成为了社会经济主体减少交易风险、降低交易成本的一剂良方。

最后，俄罗斯与中东欧转型国家快速放开对资本账户交易的限制使得银行与企业层面的国际筹资变得相对容易也是重要原因之一。到2007年以前，中东欧国家完全相信其经常项目逆差可以很容易地通过长期的和更为积极的国外融资与外国直接投资（FDI）弥补，依靠这种稳定的融资来源，即使数目巨大的对外贸易逆差也完全可以持续。截至2007年，中东欧的外债余额约1.7万亿美元，其中4000亿美元于2009年到期，相当于该地区GDP的三分之一。[①] 这就使得资产替代与货币替代在这些国家的普遍形成成为可能，同时也为其金融体系脆弱性的不断增强埋下伏笔。

可见，对于转型国家来说，美元化问题的出现并不是由于政府设计而产生的，而是国内经济主体担心本国的通货膨胀以及货币贬值导致财富损失而采取的理性行为的结果，同时也是本国银行及企业出于生产、贸易以及资本流动的需要而过早过快放开资本市场并广泛筹集国际资本的结果。因此，它会带来很多的问题，特别是它会削弱一国货币政策的独立性及金融系统的稳定性，进而导致政府对本国经济调控能力大幅下降。[②]

[①] 廖岷：《当前金融危机对新兴经济体开放的启示》，《国际经济评论》2009年第5~6期，第58~59页。

[②] Aslanidi, Olga: Dollarzation In Transition Economics: New Evidence From Georgia, CERGE-EI, Czech Republic, 2008.9, P366.

5.2.3 美元化与金融脆弱性

首先，上述分析已表明，俄罗斯与中东欧国家过早过快地放开资本市场会使得美元化程度日益加深，问题日益严重。而过度美元化的转型经济会由于货币错配问题的产生而危及金融体系的安全。在这些国家中，由于企业和银行大量依靠国外资本，其负债主要由外币计价，而由于从事国内业务的实际情况，其应收账款仍主要以本币计价，这就产生了货币错配。由于美元和欧元的硬通货地位，这种货币错配通常指的就是资产以本币计价，而负债以美元或欧元计价的错配。[①] Brown，Ongena Yesin（2008）对2005年26个转型国家的3015个小型企业进行了调查取样和统计分析（见表5－7）。其中在俄罗斯和中东欧6国的1266个企业中，外币贷款占总贷款的比率平均达到28.3%，贷款期限平均为30.9个月。

货币错配给转型国家所带来的风险会随着各国外债的增加而加剧。当国际资本对该国清偿能力失去信心而突然逆转时，国内流动性就会急剧减少，并导致货币危机的爆发。在这一过程中，国内的企业和银行会由于流动性不足而丧失清偿能力，货币危机会进一步转化为银行危机。同时，转型国家的银行监管以及审计工作的滞后，导致缺乏对借款人资质的审核，从而加深了银行体系危机。2008年美国金融危机对俄罗斯和中东欧国家的巨大冲击就是这种危机典型的案例。危机爆发后，美元、欧元等外国货币迅速撤离引发流动性危机，俄罗斯及中东欧国家的货币急剧贬值，[②] 外债负担的剧增放大了货币错配的风险，并最终引发银行危机。

---

① 李扬：《汇率制度改革必须高度关注货币错配风险》，《财经理论与实践》2005年第4期。
② 截止到2009年3月，波兰兹罗提下跌33%，匈牙利福林下跌23%，捷克克朗下跌约17%，乌克兰格里弗纳贬值42%，而俄罗斯卢布则下降了32%。

表 5-7 2005年中东欧6国与俄罗斯企业贷款的样本信息[a]

国家	样本数量	平均外币贷款占总贷款的比率(%)	平均外币贷款期限（月）
俄罗斯	177	12	23.2
波兰	306	14	29.1
捷克	84	7	33.3
匈牙利	262	24	30.5
罗马尼亚	254	39	25.3
保加利亚	102	29	37.6
阿尔巴尼亚	81	73	37.4
总数（非加权平均）[b]	1266	28.3	30.9

注释：a 数据摘自 Brown, Ongena and Yesin (2008) 的统计表格（参见 Martin Brown, Steven Ongena and Pinar Yeşin: Currency Denomination of Bank Loans: Evidence from Small Firms in Transition Countries, 2008, www.fma.org/Prague/Papers/Brown_Ongena_Yesin.pdf）；

b 为作者的计算。

其次，汇率作为政策工具的职能丧失殆尽。理论上，汇率贬值可作为一国改善贸易收支的政策工具。但对于过度美元化的转型国家，这一工具却可能丧失其功能。一方面，较高的债务抑制了汇率的政策效应。截至 2008 年 6 月，爱沙尼亚、拉脱维亚、匈牙利等国外债占本国 GDP 的比例超过 70%，波兰、捷克外债占本国 GDP 的比例为 100%；俄罗斯 2008 年外债为 5600 亿美元，占 GDP 的比例为 33%，并与其外汇储备基本持平。在这种情况下，任何导致本币贬值的行为都将产生国内银行、企业甚至政府预算的过度负债。从而，央行必须采取措施以稳定汇率，汇率作为政策工具的职能就丧失了。

另一方面，当本国经济中人们开始用外币给商品甚至工资计价时，汇率贬值还有可能通过引发贬值—通货膨胀的恶性循环而抑制汇率的政策效应。因为在这种经济中，任何贬值都会迅速地导致国内价格的调整，从而导致通货膨胀。若贬值导致国内的通货膨胀，那么就几乎不可能发生真实贬值。在这种情况下，汇率就丧失了改变一国国际价格竞争力的功能，贸易逆差大幅上升，政府却再也不可能通过贬值来降低经常项目赤字。因此，汇率政策变得无效，汇率作为政策工具的职能进一步丧失了。① 通过考察中东欧国家的经常账户可以看出（见表 5-8），由于贸易逆差占据 GDP 的份额较高，部分国家确实存在着陷入货币贬值和通货膨胀恶性循环的可能。

表 5-8　2007 年中东欧国家贸易逆差占 GDP 的比例

单位：%

国家	贸易逆差/GDP	国家	贸易逆差/GDP
拉脱维亚	22.9	塞尔维亚	12.8
保加利亚	21.4	克罗地亚	8.6
波　黑	16.8	斯洛伐克	5.3
罗马尼亚	13.9	匈牙利	5.0
立陶宛	13.2	波　兰	3.8

资料来源：孔田平：《国际金融危机对中东欧国家的影响》，载于《俄罗斯中东欧中亚国家发展报告（2009）》，社会科学文献出版社，2009。

最后，利率作为政策工具的职能不断丧失。俄罗斯和中东欧转型国家的问题在于居民对本币缺乏信心，因而更愿意持有美元等外币。在这种情况下，中央银行就不得不被动地提供比美元货币更高的真实利率来吸引居民持有本币。而利率水平越高，投资者的盈利空间就越小，政府对经济的调控能力就越弱，特别是在金融危机时期，利率作为政策工具的作用就丧失了。表 5-9 比较了主要中东欧国家和俄罗斯与美国和欧元区国家的利率差异，从中可以发现，转型国家的名义利率普遍大大高于美国及欧元区国家。由于高通胀

---

① Jan Priewe & Hansjorg Herr：《发展与减贫经济学——超越华盛顿共识的战略》，西南财经大学出版社，2006，第 140~141 页。

的原因,俄罗斯和格鲁吉亚的真实利率为负,但这种状况对刺激投资同样不利,一是负真实利率会抑制贷款人的积极性,投资人会由于更加苛刻的条件而更难获得信贷;二是由于治理通胀是迟早的事,如果通胀率比名义利率下降得快,真实利率突然变为正或者大幅提高,那么借款人就会面临风险。①

表5-9 1995~2002年俄罗斯、中东欧四国、美元及欧元区货币市场利率和消费者物价指数

国家	货币市场真实利率[a]	货币市场名义利率	消费者物价指数
美 国	2.33	4.8	2.5
欧 元 区	2.54	4.4	1.8
俄 罗 斯	-6.62	43.7	53.9
格鲁吉亚	-0.46	30.2	30.8
捷 克	2.33	8.7	6.2
波 兰	5.25	18.4	12.4
克罗地亚	5.72	10.2	4.2

注:a在考虑"真正"的真实利率时,实际上应该把名义利率与预期通货膨胀率联系起来,但由于缺少预期通胀数据,Priewe和Herr就采用了实际通胀率。

资料来源:Jan Priewe & Hansjorg Herr:《发展与减贫经济学——超越华盛顿共识的战略》,西南财经大学出版社,2006,第102~103页。

---

① Jan Priewe & Hansjorg Herr:《发展与减贫经济学——超越华盛顿共识的战略》,西南财经大学出版社,2006,第103页。

第6章 中东欧国家及俄罗斯的金融重构与发展战略

6.1 中东欧国家及俄罗斯的银行业重构

转型之前，大多数原苏东国家的国有商业银行都濒临破产的边缘，并且在转型开始之后，由于国家的财政赤字，国有银行将向政府提供金融支持的负担甩给了国有商业银行，这就使得银行体系的重构在转型之初就面临两个主要任务：消除坏账和避免发生新的坏账，以及建立透明的金融制度（例如符合市场经济运行规律的会计制度）和法律法规（例如破产法）去支持国家经济转型对资金与金融服务的需要。尽管克服以及应对转型国家金融脆弱性需要长期的知识与经验的积累，并且不同国家之间的银行业重构历程不尽相同，但不可否认的是当前大多数转型国家都拥有了较为良好的金融体系。

6.1.1 银行业重构的代价

在转型过程中，虽然中东欧国家的情况有较大差异，但这些国家银行业重构的代价或成本主要来自清算从计划经济时代继承的银行业坏账、国有银行破产与流动性问题以及银行业重构政策的制定与实施（Tang, Zoli & Klytchnikova, 2000）。[①] Zoli（2001）[②] 从对储户进行补偿、政府支出与央行支出所占 GDP 比重三个方面计算了 1991~1998 年中东欧国家的银行业重构的平均成本，结果表明：首先，政府部门在银行业重构过程中的支出超过 1998 年 GDP 9% 的国家达到了五个，由高到低的顺序是马其顿为 29.6%、保加利亚为 26%、哈萨克斯坦为 18.4%、捷克为 17.2%、匈牙利为 12.9%。其他五个国家的情况是吉尔吉斯共和国为 4.9%、立陶宛为 3.0%、波兰为 2.4%、爱沙尼亚为 1.4%、格鲁吉亚为 0.1%；此外，中央银行支出占 GDP 比重较大的国家主要包括保加利亚（11.8%）、吉尔吉斯共和国（7.4）以及捷克（4.8%），其他国家皆未超过 0.5%；最后，除了保加利亚、马其顿以及立陶宛之外，其余国家对储户进行补偿的成本都没有高出 GDP 的 1%。Zoli（2001）进一步指出，清算从计划经济体制中继承的坏账以及银行业重构政策实施的不利是银行业重构成本中最重要的组成部分，并且回归模型的检验表明并非付出成本越高的转型国家的银行业重构过程越短、越顺利。

6.1.2 银行业重构的路径

Zoli（2001）提出，为了降低转型国家银行业重构成本并顺利完成重构过程，以下措施应当加以实施：第一，加强对银行业的监管；第二，加强金融机构资本重组工作并保证银行作为流动性提供者的地位；第三，保障政府对银行业援助所做出的承诺的一致性与可靠性；第四，避免对那些"规模太大以至于不能破产"的银行提供援助，因为这样会提升道德风险与银行业重构的总体成本；第

[①] Tang, Helena, Edda Zoli, and Irina Klytchnikov, 2000, "Banking Crises in Transition Economies-Fiscal Cost and Related Issues," World Bank Policy Research Working Paper No. 2484（Washington: World Bank）.

[②] Zoli, Edda. Cost and Effectiveness of Banking Sector Restructuring in Transition Economies, IMF Working Paper, WP/01/157, 2001.

五，央行的过度参与会引发关于利率下降透明度的冲突，并最终增加不可预计的政府预算支出；第六，主导银行业重构的部门不能多于一个，否则将增加重复成本、降低政策透明度，并最终导致政府预算支出的增加。

此处，本书以波兰、匈牙利和捷克三个国家银行转型为例介绍银行业重构的路径。波兰政府选择将银行业重构与企业重组同时进行，力图同一时间解决国库亏空与流动性问题（Montes-Negret & Papi，1997），[①] 这就使得波兰银行业重构的路径与捷克和匈牙利截然不同。McDermott（2005）[②] 汇总了这三个国家银行业重构的路径（见表6-1）。

表6-1 银行重构与银行危机解决路径

路径	捷克	匈牙利	波兰
颁布银行危机特别法案	No	No	Yes
银行业重构与监管机制的完善密切相关	No	No	Yes
银行业重构与企业重组密切相关	No	No	Yes
资产重组与银行管理的改善密切相关	No	No	Yes
厘清新旧银行体系的界限	Yes	No	Yes
于1991和1994年都进行了重组	No	Yes	No
不充分的重组未能在1991和1994年改善流动性	No	Yes	No

资料来源：McDermott，2005。

从表6-1可以看出，波兰的银行业重构起步较早，新旧银行体系结构分明，并且与企业重组过程紧密衔接在一起，力图为市场提供更多的流动性，以及在解决历史遗留的坏账问题上发挥更大的作用。Montes-Negret 和 Papi（1997）指出，波兰在银行监管机制

[①] Montes-Negret, F. & Papi, L. 1997. The Polish Experience in Bank and Enterprise Restructuring, Working Paper 1705. World Bank, Washington, D. C.
[②] McDermott, Gerald A. Politics, Power, and Institution Building: Bank Crises and Supervision in East Central Europe., Review of International Political Economy, 2005, 14（2）：220-250.

和银行私有化问题上采取了分步走的政策,并且政府与央行都显示出要改变旧的运营模式的强烈愿望。改革后的银行体系更富有竞争性,更为高效,更加符合市场经济特征,其中商业银行资产份额已经占据了国内银行体系总资产的一半以上。

6.2 中东欧国家与俄罗斯的去美元化战略

针对过度美元化的危害性,俄罗斯及中东欧转型国家一直在努力解决这一问题,而全球金融危机的爆发及其对俄罗斯和中东欧国家的巨大冲击,使得这一任务更加紧迫。总体上,本币品质低下、严重的货币错配、高额的外债负担以及日益加深的金融体系脆弱性是美元化问题不断加深的主要原因,因而任何有利于改善本国货币品质的政策都将缓解和逆转货币体系被腐蚀的状况,达到稳定国内货币市场的目的。从各国的实际情况来看,降低通货膨胀率、稳定名义汇率、降低经常项目赤字、减少外债负担以及保证真实 GDP 的充分增长等是主要的去美元化战略。[①]

6.2.1 加强监管,提高金融系统抗风险能力

俄罗斯与中东欧国家过早过快地放开资本市场导致包括美元在内的高信用等级货币大量涌入本国资本市场,本国银行系统及企业外债剧增,由此增加了转型国家金融体系的脆弱性。因此监管当局通过加强审计等措施要求银行和其他金融机构防范货币的错配,降低筹集外币信用动机等稳定金融系统的措施就显得尤为重要。波兰为此提供了很好的样板。为了避免外汇贷款无节制膨胀,波兰监管当局定期检查银行的外汇头寸以具体了解外汇贷款情况,包括借款

---

① Jan Priewe & Hansjorg Herr:《发展与减贫经济学——超越华盛顿共识的战略》,西南财经大学出版社,2006,第 144~145 页。

人对外汇贷款的偏好、客户对冲外汇风险的比率及形式、贷款套期保值成本占贷款的比重、贷款分类及损失准备金等。罗马尼亚建立了国家征信局来监测银行的消费者信贷和商业信贷。另外，各国还出台相关规章制度限制居民和企业持有外币数量，同时努力恢复对本币的信心。[①] 例如，1998 年俄罗斯金融危机之后，为了恢复储户对银行体系的信任和扩大银行的资金基础，俄政府于 2003 年底颁布了《俄罗斯联邦自然人在银行存款保险法》，以法律形式确立了存款保障制度。2004 年 1 月依据此法成立了存款保险机构（DIA），专门负责处理储户存款损失的理赔以及管理存款保险基金。根据《俄罗斯联邦自然人在银行存款保险法》，中央银行必须对参加保险的银行进行筛选。在筛选的过程中，商业银行必须明确其所有者，其真实财务报表与资产状况也必须受到严格的审查。最终有 931 家银行获准参加了存款保险，占俄罗斯银行总数的 77%，占全国银行体系总资产的 94.6%，拥有全国银行自然人储户的 99.3%。上述措施从根本上提高了居民对银行的信心与信任程度，2005 年银行吸收的自然人储蓄存款比上年增长了 39%。[②] 根据 DIA2009 年第 3 季度的家庭存款市场报告，截止到 2009 年 9 月，DIA 成员银行共吸收家庭储户存款已高达 66785 亿卢布。[③]这样，存款保障制度的建立大大改善了银行的资信状况并提升了卢布的信用等级，降低了家庭和企业对外币存款的偏好，有力推进了去美元化的进程。

6.2.2 降低通胀，实现有竞争力的真实汇率及利率水平

根据上述分析，我们可以看出美元化的主要危害之一就是使得

[①] Erasmus, Lodewyk, Jules Leichter and Jeta Menkulasi: Dedollarization in Liberia—Lessons from Cross-country Experience, IMF Working Paper, WP/09/37.

[②] 林铁钢：《俄罗斯银行在稳定中推进银行业的改革与开放——访俄罗斯银行副行长维·民·梅尔民科夫》，《中国金融》2006 年第 10 期。

[③] Households' Deposit Market Review for the Third Quarter of 2009, http://www.asv.org.ru/en/show/? id=148260。

汇率和利率作为政策工具的职能逐渐丧失。在这一过程中，较高的通胀水平发挥了极大的负面作用。因此，采取措施将通胀率保持在一个较低的水平是去除美元化影响的重要环节。捷克、波兰和匈牙利三个转型国家为此提供了一个有效解决办法——通货膨胀目标制（Inflation Targeting，IT）。这种货币政策框架诞生于20世纪90年代，截至2005年世界上有22个发达国家和发展中国家采用。在这种货币政策框架下，稳定物价成为中央银行货币政策的首要目标，并且在政策工具与最终目标之间不再设立中间目标，中央银行根据通货膨胀预测值的变化进行政策操作，以引导通货膨胀预期向预定水平靠拢。通货膨胀是否得到有效控制是公众评价货币政策绩效的重要依据。如果预测结果高于目标通货膨胀率，则采取紧缩性货币政策；如果预测结果低于目标通货膨胀率，则采取扩张性货币政策；如果预测结果接近于目标通货膨胀率，则保持货币政策不变。Onur Tas（2009）对19个采用通货膨胀目标制的国家（其中包括捷克、波兰和匈牙利三个中东欧转型国家）进行样本分析，表明采用通货膨胀目标制（Inflation Targeting，IT）能够有效降低通货膨胀的不稳定性，并且被证明是最好的治理通货膨胀的货币政策之一。[1] 我们以捷克、波兰和匈牙利为例对这一政策的实施及其绩效进行进一步的分析。表6－2显示，虽然采用通货膨胀制（IT）的时间有先有后，但这三个国家的通货膨胀都得到了有效治理，其中波兰的成果尤为显著。Jonas 和 Mishkin（2003）以及 Allard（2007）对波兰采用IT后通胀水平下降的过程有更为详尽的描述。1998年6月，波兰中央银行首次设置短期通胀目标：从1998年6月到1999年底通胀目标值为8%～8.5%，而当时的通货膨胀率为12%强。1999年3月通胀目标值已经降至约6%，超过了预期水

---

[1] Bedri Kamil Onur Tas, Inflation Targeting and Inflation Uncertainty, Working Paper No: 09－07, 2009, TOBB University of Economics and Technology Department of Economics.

平。进而，央行设置了两个新的目标，即到1999年底通胀指标应保持在6.6%~7.8%的水平，到2000年底应为5.4%~6.8%。但是，通胀水平并没有按照目标持续下降，反而从1999年2月份的5.6%上升到2000年7月的11.6%。因此，央行将2001年的通胀目标设为6%~8%的水平，高于2000年的目标值，并且预计2002年底的目标值为4%~6%。最终到2000年底通胀水平降至3.6%，并一路下降至2002年底的0.8%，成果达成并且超过了长期目标。[1] 2005年11月至2006年10月的12月个中，波兰的通货膨胀指数均比目标值下降2.5±1个百分点，其中2006年第1季度的平均通货膨胀指数更是下降到了1%以下。[2]

采用通货膨胀目标制这种货币政策框架不仅能够降低通胀水平，更深层次的意义在于它也大大降低了价格的不确定性，从而提升了本币的信用度，减轻了对美元等外币的过度依赖，从而使得汇率及利率政策工具能够重新发挥经济调节功能，达到提升竞争力的作用。

表6-2 捷克、匈牙利和波兰采用通货膨胀目标制（IT）前后的平均通胀水平（用CPI衡量）

国家	样本数(月)截取至2008年10月	采用IT时间	采用IT前平均通货膨胀值	采用IT后平均通货膨胀值
捷克	189	1998年1月	0.74	0.27
匈牙利	392	2001年1月	1.05	0.46
波兰	249	1998年10月	4.43	0.32

数据来源：Bedri Kamil Onur Tas, Inflation Targeting and Inflation Uncertainty, Working Paper No: 09-07, 2009, TOBB University of Economics and Technology Department of Economics。

---

[1] Jonas, Jiri, Frederic S. Mishkin: Inflation Targeting in Transition Countries: Experience and Prospects, NBER Working Paper 9667, 2003.
[2] Allard, Céline: Inflation in Poland: How Much Can Globalization Explain?, IMF Working Paper, WP/07/41, 2007.2.

6.2.3 推进货币互换与本币地区结算

货币互换是指双方签订一个合约,规定在一定时间里,双方定期交换一个以名义本金做基础,但用不同币种和利率计算出的现金流。国家间进行货币互换的收益主要有三个:第一,保证在金融危机发生期间拥有足够的流动性去应对危机对于美元的需求量,采取及时的互助措施,并降低在借贷过程中所承受的汇率变化的风险。第二,便利贸易结算,并降低两国间在贸易过程中,由于不得已采用美元作为交易媒介而产生的汇率损失和交易费用。第三,可以为一国货币(非美元)逐步成为地区结算货币、地区储备货币并最终成长为国际储备货币提供机会和途径。[①]

为了应对金融危机后的流动性枯竭,中东欧各国央行和瑞士央行签订了货币互换协议,加之瑞士央行和欧洲央行之间本来就有无限制的货币互换协议,这个中东欧—瑞士—西欧之间的货币互换协议实际上就意味着,有了瑞士法郎、欧元这两大国际本位货币的支撑,中东欧各国将有可能免于遭受未来经济金融突然坍塌的威胁。

俄罗斯在推进卢布地区结算和国际化进程中走在了转型国家的前头。俄罗斯政府不仅提出了卢布国家化发展战略,而且俄罗斯各商业银行和海关在推进卢布地区结算中还提供了很多便利和技术支持。以俄中贸易为例。随着两国边境贸易额不断扩大,以本币(人民币和卢布)结算的业务量在不断增加。据我国黑龙江省统计,卢布结算占本币结算的比例由2003年的94.6%增加到2008年的99.5%。卢布结算量快速上涨的原因主要得益于俄罗斯政府和其商业银行所做出的诸多努力。近年来,俄罗斯政府制定了推进卢布国际化的整体发展战略,将中俄边境贸易本币结算作为实施这一战略的重要步骤,稳步推进卢布结算。为了配合这一战略的有效实

---

① 范振龙:《金融工程学》,上海人民出版,2003。

施，许多俄罗斯商业银行对使用卢布进行结算的，提供接送客户和翻译等便利措施，吸引客户办理卢布跨境汇款业务，大力推进卢布结算。[①]

6.2.4 中东欧转型国家积极加入欧元区，推动"欧元网络外部性"战略

中东欧目前已经有十个国家加入欧盟，对于这些国家来说，加入欧元区正在成为一种解决美元化问题的可行的替代方案。目前来看，大多数来自中东欧的成员国尚不符合加入欧元区的条件，[②]但是各国正在朝着这个方向努力。2007年和2009年，斯洛文尼亚和斯洛伐克先后加入欧元区，对其他中东欧转型国家来说具有很强的示范意义。以斯洛文尼亚为例，在采用欧元后的一段时期内，经济迅速发展，国家信用等级大幅提高，欧元的使用和流通大大降低了该国的流动性风险，并为企业经营、国际交易以及国民的日常经营和生活提供了便利。此外，还有效抑制了国内的物价上涨，其对通货膨胀的贡献率仅为0.3%；与此相比，石油价格的抬升对斯洛文尼亚通货膨胀的贡献率则为2.3%。

可见，使用欧元作为本国流通货币，能够充分享受欧元区广泛的网络外部性，提升国家信用等级，并产生一定的规模经济效益，为生产和生活提供便利，最终降低交易费用与成本。对于美元化程度较高的中东欧转型国家来说还具有如下好处：首先，中东欧国家

[①] 中国人民银行党校黑龙江调研组：《黑龙江中俄边贸本币结算情况的调查与分析》，《金融时报》2009年7月13日，http://www.financialnews.com.cn/jryw/txt/2009-07/13/content_212954.htm。

[②] 对于欧美成员国来说，加入欧元区必须达到下列标准：首先，每一个成员国削减不超过国内生产总值3%的政府开支；第二，国债必须保持在国内生产总值的60%以下或正在快速接近这一水平；第三，在价格稳定方面，通货膨胀率不能超过三个最佳成员国上年通货膨胀率的1.5%；第四，该国货币至少在两年内必须维持在欧洲货币体系的正常波动幅度以内。欧盟对成员国加入欧元区的时间并没有固定的要求，每一个成员国根据自己国家的情况，按照自己的时间表加入。

非本币债务过多，加入欧元区后这部分债务负担可以得到有效缓解，提高国家信用等级。其次，加入欧元区有利于这些国家不至于出现严重的社会问题。最后，加入欧元区还将极大促进中东欧转型国家与其他欧元区国家金融市场的融合，提高其共同市场上的价格透明度，有助于缩小各国的物价差异，从而带动本国总体物价水平的下调，降低通货膨胀风险。

对于那些深受美元化之害的转型国家来说，在本国资本市场放开之后，出于提升本币信用等级以及降低银行及企业层面外债，从而保持本国金融系统稳定的强烈需求，实施去美元化战略是一种必然。不过，我们也应该看到，抑制美元化需要时间。除了严厉的命令和控制措施外，几乎没有任何恰如其分而又立竿见影的降低美元化的政策。而这种严厉的命令和措施不仅难以执行，而且也有可能导致大量的资本外逃。降低美元化的成功依赖于本币声誉和置信度的重新获得，而这是需要时日的。如果只讨论通过合理的货币和财政政策实现价格稳定、自动建立本币信用从而击退美元化又显得过于简单化。问题的关键在于美元化盛行的条件下要想实现低通货膨胀和稳定的汇率非常困难，而且即使实现，也常以经济衰退为代价。这显然是一种两难选择。另外，去美元化不仅是经济行为，也是一种政治行为。由于去美元化进程会损害国家中一部分集团和个人的利益，它们必然会通过各种政治手段拖延甚至阻止去美元化的进程。而政治的不确定性很容易通过经济政策等传导至经济领域进而导致经济发展出现不确定性。因此，中东欧等转型国家的去美元化注定是一个漫长而艰难的过程。

6.3 未来中东欧国家进一步推动金融发展的政策选项

第一，坚持将金融稳定作为国家金融发展的核心诉求。提升金融深度与金融可进入性将会推动金融产品与服务的不断创新并扩大中小企业与普通民众获得这些产品与服务的机会。但在金融深化发展的同时，政府应加强对金融系统的有效监管以保证金融稳定。为此，首先应高度警惕"道德风险假设"[①]在本国金融系统内部的蔓延，防范流动性错配与货币错配的不断深化所可能引发的流动性危机，因为中东欧国家的金融部门不能将此次金融危机中 IMF、欧盟等国际组织和其他国家的援助，外资银行的坚守，以及本国政府提供的财政支持当成在未来仍会再次发生的一种必然的道德假设。其次，应防范高度复杂的金融衍生品在金融系统内部的过度滋生，例如匈牙利应预防私人和公共债务过度证券化，因为本国金融部门与金融市场的相对较低的杠杆化正是保证中东欧国家得以较为平顺地度过此次全球金融危机的关键因素之一。

第二，继续保持以银行为基础推进金融系统的发展，并不断提高银行服务效率，完善金融法律体系。上述的结论已经明确揭示出中东欧国家当前的金融系统仍然是以银行为基础，并且，即使波兰的金融市场发展得更快一些，也并不意味着波兰的 GDP 增速同样是最快的。[②] 关于以银行间接融资还是股票、债券等直接融资为基础打造金融市场长期以来就是一国或一地区金融系统发展道路选择过程中的核心议题之一，但这种争论忽视了金融产品与服务的本质，即最大限度地消除金融交易中的信息不对称以及社会资本分配的低效。因此，将本国的金融系统从以银行为基础转型到以金融市场为基础不应该成为中东欧国家在未来一段时期内金融发展政策亟

[①] 道德风险假设源于两个方面，即国家会给国内投资者和金融机构提供援助以及国际社会将为陷入金融危机的国家提供支持。更多相关内容参见 Eichengreen, Barry., Hausmann, Ricardo. Exchange Rates and Financial Fragility. NBER Working Paper, NO. 7418, 1999。

[②] 世界银行统计数据显示，2015 年波兰和斯洛伐克的 GDP 增速均为 3.6%，捷克为 4.2%，而匈牙利和斯洛文尼亚同为 2.9%。参见 http：//data.worldbank.org/indicator/NY.GDP.MKTP.KD.ZG。

待解答的关键问题。并且，由于中东欧国家经历了经济转型与金融转型的过程，金融系统相对于西欧和北美发达国家，甚至是日、韩等一些新兴国家来说仍然不完善，所以，过快发展金融市场将引发金融产品与服务的过度创新，增加整个金融系统的脆弱性程度。因此，中东欧国家的金融发展应着力降低银行运营成本，提升金融交易双方的信息透明度，提高银行获利能力与资本分配效率，特别是对于捷克和斯洛伐克两个国家来说更应如此。与此同时，还要不断完善抵押品诉求与管理等方面的法律法规，保障合同的正常履行，进一步降低不良贷款比例。

第三，本土商业银行及其他金融机构需更加关注中小企业与普通民众对金融服务与产品的需求，提升金融服务与产品对这些弱势群体的包容度。由于经济转型过程中实行的银行私有化政策，外资银行于2000年就已经占据中东欧五国国内商业银行总数的56%以上份额，[1]但外资银行的服务对象大多为高收入人群或是中大型企业。因此，为了获得更广阔的生存空间，中东欧国家（特别是拥有银行贷款或信用企业比重较低的波兰和匈牙利两国）的本土商业银行或其他金融机构应调整服务方向，通过提供咨询服务等加大与中小企业的沟通力度，并积极为社会个体提供诸如住房贷款等资金支持。

---

[1] 2000年中东欧五国的外资银行占国内银行总数的比例都超过了56%，在斯洛文尼亚，这个比例更是达到了219%。具体参见 Bonin, John., Paul Wachtel. Financial Sector Development in Transition Economies: Lessons from the First DecadeFinancial Markets, Institutions & Instruments, Volume 12, Issue 1, pages 1 - 66, February 2003。

第7章 中国经济增长与金融发展

7.1 中国经济增长与金融发展的典型事实

7.1.1 中国经济增长

1978年改革开放以来，中国经济快速发展，其主要原因在于：第一，采取了一系列制度性改革措施，主要包括从计划经济向市场经济转型以及增长部门从低效率的农业生产向高效率的工业生产转型等等；第二，实施了一系列刺激经济增长的有效措施，例如增加对教育与人力资本的投入，提高对知识产权的重视，大力发展农业，提高科学技术研发水平与能力等（Heady, Kanbur & Zhang, 2008）。[①] 全球金融危机之前，中国人均GDP增速保持在9%以上的平均水平，创造了令人瞩目的赶超奇迹（见图7-1）。

不过在1993~1999年期间，中国人均经济增速曾持续下降，其主要原因在于1993年开始中国采用了紧缩性财政和货币政策力图实现经济的软着陆，以及亚洲金融危机的爆发。1992年邓小平

[①] Headey Derek., Kanbur Ravi., Zhang Xiaobo. China's Growth Strategies. Working Paper Series, No. WP 2008-17, Department of Applied Economics and Management, Cornell University, USA, 2008.

图 7-1 中国人均 GDP 增长率

资料来源：世界银行数据库。

南方谈话刺激了中国新一阶段改革发展热潮，当时的开发热、地产热、股票热等经济泡沫推动经济达到过热状态，从而引发了比 1988 年更为严重的通货膨胀。1993 年，政府决定采取紧缩性财政和货币政策以及保证经济稳定的"十六点计划"。直至 1997 年，紧缩政策取得了效果，虽然经济增速出现持续下降，但也解决了过度投资问题，保持了社会稳定（钟瑛，2005）。[1] 但与此同时，经济出现通货紧缩，同时又遭受了 1997 年亚洲金融危机的波及，这就使得中国人均 GDP 增速下降到 90 年代以来的最低谷。

亚洲金融危机之后，1999~2007 年中国经济连续保持了 9 年的高速增长，并于 2007 年达到了 13.6% 的统计期内最高水平。2002 年，中国政府宣布要在 2020 年使人均收入比 2000 年翻四倍的目标，这要求人均 GDP 增速要达到年均 7.2% 的水平，在政策上保障 GDP 增速的快速提升（Forgel，2006）。[2] 此外，2004 年底，

---

[1] 钟瑛：《20 世纪 90 年代以来的中国宏观经济政策调整》，《当代中国史研究》2005 年第 7 期，第 102 页。

[2] Fogel Robert W. Why China Is Likely to Achieve ITS Growth Objectives. NBER WORKING PAPER SERIES, NO. 12122, 2006.

中国政府决定彻底改变中国经济增长过度依靠投资和出口的发展模式，转而寻求来自国内消费的支持，即扩大内需。中国提升消费对经济增长的刺激作用是进入21世纪以来中国政府长期思考的问题。2000年以后，居民消费占GDP的比重显著下降，2005年仅为38%，是当时世界主要经济体中最少的，远低于美国的70%、英国的60%、印度的61%和日本的57%。为此，从2004年开始中国政府开始削减农业税和个人所得税，并且还提高了城市职工的最低工资水平。这些措施对于刺激居民消费起到了积极的作用，但不过相比于投资来讲仍然是相形见绌的，因此，虽然政府强调要重新平衡经济增长战略，但2008年以前增长主要依靠投资拉动的格局并未改变（Lardy，2007）。[①]

全球金融危机对中国经济造成的影响是深刻而又持续的，2008年的经济增速从2007年的13.6%跌落至9.1%，虽然2010年恢复至10.1%，但由此开始持续下滑，直至2015年的6.4%。不过，即使经济增速显著下降，但与其他国家相比，仍处于世界范围内的高水平区间。世界银行（2010）[②]指出了危机期间中国经济保持相对稳定的四大原因：第一，对资本市场波动性与脆弱性的控制效率较高；第二，储蓄率和外汇储备使得中国经济恢复没有形成对外资的高度依赖；第三，中国巨大的财政预算盈余以及较低的国家债务水平保证了金融危机期间国家可以拿出巨额资金刺激经济恢复，并且也没有损害人民币的国际信誉；第四，中国在1997~1998年积累下来的宝贵的应对金融危机的经验也发挥了作用，事实证明，中国在很多方面都重复了亚洲金融危机期间的应对措施，并被证明是有效的。

---

① Lardy Nicholas R. China: Rebalancing Economic Growth, edited in Chapter 1 from The China Balance Sheet in 2007 and Beyond, published by the Center for Strategic and International Studies and the POeterson Institute for Internatinoal Economics, May 2007.
② World Bank. Post-Crisis Growth in Developing Countries: A Special Report of the Commission of Growth and Development on Implications of the 2008 Financial Crisis [R], No. 52462, 2010.

虽然在统计期内的20余年内，中国取得了显著的经济增长，但无法否认的是，作为第二大经济体的中国仍然是发展中国家和中等收入国家。但根据Barro（2016）[①]的研究，从中等收入国家向高收入国家过渡的难度要远远大于从低收入国家向中等收入国家的转变，其中一个关键因素在于中国经济难以脱离世界上众多国家所展示出来的历史规律，即基于"条件性收敛框架"，其经济增速一定会走向"收敛铁律"，并且很可能会持续滑落至3%~4%的经济增速水平。但即使是这样，如果以3%~4%的增速增长20~30年，那么中国也将会从中等收入国家迈入高收入国家。在这个过渡期，最重要的一个挑战是中国政府对经济增速的预期不能脱离实际。可喜的是，随着中国经济新常态和供给侧结构性改革战略的提出，中国正力图从过度依赖高增速的经济增长模式中挣脱出来，更为关注经济增长的质量。

7.1.2 中国金融发展

为衡量20世纪90年代以来中国的金融发展水平与变化情况，我们继续使用世界银行提供的金融发展数据，具体包括金融深度、金融可进入性、金融效率以及金融稳定性等四个方面的指标。同时，在每一个方面都具体评价金融部门（主要包括银行和保险公司）以及金融市场（主要包括股票市场和债券市场）。在对中国金融发展总体进行分析之后，还以全球金融危机作为节点对金融危机前后的金融发展情况进行比较分析。

1. 金融深度

与中东欧国家相似，中国的银行部门同样是金融机构最重要的组成部分。无论是保险市场还是股票市场，其规模都远远小于银行

[①] Barro Robert J. Economic Growth and Convergence, Applied Especially to China, NBER Working Paper, No. 21872, 2016.

部门。从表7-1可以看出，2012年保险公司资产以及股票市场市值占GDP的比重分别为13%和42.6%，而银行资产占GDP的比重则高达131%。从所提供的私人信贷看，银行提供的私人信贷占GDP的比重为121%。比较而言，2012年美国保险公司资产和保费额度占GDP的比重分别为43.7%和3.67%，股票市场市值占GDP的比重为107%，均远高于我国同期水平。同时，2012年美国银行资产占GDP的比重则仅为58.3%，银行提供的私人信贷占GDP的比重也仅为49.1%，大幅低于我国同期水平，与此同时，美国的非银行金融机构提供的私人信贷占GDP的比重则高达122.9%。此外，2012年德国的银行资产占GDP的比重为104.6%，银行提供的私人信贷占GDP的比重为83.6%，保险公司资产和保费额度占GDP的比重分别为59.6%和3.2%，也高于我国同期水平。德国的数据也远高于我国的同期水平。可见，与发达国家相比，我国的金融深度不够，差距明显。

首先，银行资产与保险公司资产相比具有绝对的优势。从中国的保险公司资产以及保费额度占GDP很低的比例中也可以得出这一结论。并且，世界银行同样没有提供非银行金融部门提供的私人信贷数据，可见非银行金融部门的发展同中东欧国家一样起步较晚。同时，银行是金融机构组成部分中最重要的金融媒介，所提供的私人信贷占GDP的比重呈不断上升态势。其次，与银行部门相比较，中国的金融市场所占GDP份额相对较少，其中股票市场市值占据金融市场市值的最大部分份额（见表7-1）。

2. 金融可进入性

金融可进入性代表了金融包容度，即社会经济单元可以获得金融产品或服务的便利程度。总体来看，统计期内金融机构可获得的数据相对有限，无法看出比较明显的变化趋势。每10万成年人拥有的银行分支机构数目为8个左右，ATM机个数为20个左右。同时，虽然仅有2.9%的公司承认融资渠道不畅，但同时却仅有37.3%

表7-1 中国金融深度评价指标数据（1993～2014年）

单位：%

指标＼年份	1993	2000	2007	2008	2009	2010	2011	2012	2013	2014
金融机构											
银行提供私人信贷/GDP	77	106	97	96	110	128	119	121	127	133
银行及其他金融部门提供私人信贷/GDP	77	106	97	96	110	128	119	121	127	133
非银行金融部门资产/GDP	—	—	—	—	—	—	—	—	—	—
银行资产/GDP	77	112	107	106	119	139	129	131	137	143
保险公司资产/GDP	—	—	10	10	11	12	12	13	—	—
人寿保险保费/GDP	0.4	0.9	1.7	2.1	2.1	2.4	1.8	1.7	1.6	1.7
非人寿保险保费	0.6	0.6	0.7	0.7	0.8	1.0	1.0	1.0	1.1	1.1
金融市场											
股票市场市值/GDP	6.6	38.1	80.6	73.3	53.2	66.7	52.2	42.6	40.8	48.3
股票市场交易额/GDP	9.0	39.7	106	119	116	137	105	70	68	95
优质国内私人债务证券/GDP	2.9	7.6	29.7	32.8	34.0	34.0	29.5	29.1	28.5	28.7
优质国内公共债务证券/GDP	2.7	9.2	18.0	15.6	16.6	15.8	15.6	15.0	15.7	16.1

数据来源：World Bank Global Financial Development，2016.6。

的公司拥有银行贷款或信用额度。此外，金融市场的包容度更高，并且在不断地改善。数据显示，金融市场市值与金融市场交易额的垄断程度在降低，反映出中小企业和个人参与金融市场交易的活跃度在不断提升（见表7-2）。

3. 金融效率

进入21世纪以来直至2012年，中国银行净利差都呈现出稳步小幅增长态势，金融效率有所改善。但从2013年开始却明显下降，

表7-2 中国金融可进入性评价指标数据（1993~2014年）

指标＼年份	1993	2000	2007	2008	2009	2010	2011	2012	2013	2014
金融机构										
银行分支机构个数/每10万成年人	—	—	—	—	—	—	—	7.7	7.8	8.1
ATM机个数/每10万成年人	—	—	12.0	15.6	20.0	—	—	—	—	—
拥有银行贷款或信用额度的公司比例（%）	—	—	—	—	—	—	—	37.3	—	—
认为融资渠道受限的公司比例（%）	—	—	—	—	—	—	—	2.9	—	—
金融市场										
扣除十大公司后金融市场市值/总市值（%）	—	—	64.5	65.9	72.2	76.7	74.5	75.5	78.6	79.8
扣除十大公司后金融市场成交额/总成交额（%）	—	—	81.7	85.0	87.8	91.7	91.7	90.5	89.7	90.8

数据来源：World Bank Global Financial Development，2016.6。

几乎回到了2000年的水平。虽然非利息收入比重同样缓慢爬升，但利息收入仍然是银行收入的最重要来源。可见银行产品与服务较为单一，对外的债权、股权、证券、期货与国债等的投资收益比重在统计期内的20年中始终处于较低的水平。从股票市场来看，其市场周转率从1993年的150%大幅攀升至2014年的239%，股票市场效率得到了很大改善（见表7-3）。

4. 金融稳定性

首先，中国银行部门的银行Z统计值从2000年开始几乎没有发生根本性变化，这意味着银行破产风险没有得到实质性的下降。比较而言，2000年美国的银行部门Z统计值为21.1，德国为17.7；

表7-3 中国金融效率评价指标数据（1993~2014年）

单位：%

指标＼年份	1993	2000	2007	2008	2009	2010	2011	2012	2013	2014
金融部门										
银行净利差	—	2.1	3.0	3.0	2.3	3.0	3.2	3.9	3.1	2.2
银行非利息收入/总收入	—	14.1	12.5	15.1	14.4	12.6	13.9	16.2	17.6	19.1
银行管理费用/银行总资产	—	1.1	1.3	1.3	1.1	1.2	1.1	1.3	1.1	0.7
金融市场										
股票市场周转率	150	158	222	117	291	205	171	140	199	239

数据来源：World Bank Global Financial Development, 2016.6.

2007年两国数据为23.8和14.4；2014年则分别攀升至26.6和20.2。可见，直至2014年为止，与我国相比，美国的银行Z统计值要高于我国，而德国则要略低一些。

但若引入银行不良贷款比重与银行监管资本占风险加权资产总额比重这两个指标，我国金融部门稳定性还是从2000年开始得到了不断的增强，特别是银行部门对于不良贷款的控制成果非常显著，银行不良贷款已经不能成为影响金融安全的主要因素。最后，随着股票市场活跃度的提升，中国的股票价格波动性却日趋稳定，其中360天的国家股票市场股票价格指数波动均值从1993年的85.7大幅下降至2014年的17.3。可见金融监管部门对于股票市场波动的控制取得了良好的效果（见表7-4）。

5. 国际金融危机对金融发展的影响

金融危机促使国内金融市场市值更加向银行部门倾斜，换言之，银行资产占GDP的比重在2007~2010年期间不断上升，而股票市场市值却出现了下降。但股票市场交易额占GDP的比重在金融危机最严重的2008~2010年不升反降，优质国内私人债券占GDP

表 7-4　中国金融稳定性评价指标数据（1993~2014）

指标	1993	2000	2007	2008	2009	2010	2011	2012	2013	2014
金融部门									
银行 Z 统计值	—	20.9	22.7	21.5	20.8	22.0	20.8	22.1	21.4	21.5
银行不良贷款/贷款总额(%)	—	22.4	6.2	2.4	1.6	1.1	1.0	1.0	1.0	1.2
银行监管资本/风险加权资产(%)	—	—	8.4	12.0	11.4	12.2	12.7	13.3	12.2	13.2
金融市场									
360 天的国家股票市场股票价格指数波动均值	85.7	27.8	27.7	38.9	41.0	29.5	22.1	18.9	18.2	17.3

数据来源：World Bank Global Financial Development，2016.6.

的比重也在缓慢上升。不过，2010 年之后，无论是股票市场市值、股票市场交易额还是私人债券，它们占 GDP 的比重都出现了下滑趋势，并且 2014 年的股票市场交易额与债券各自所占 GDP 的比重都低于 2007 年的表现。反观银行部门，无论是银行向私人提供信用还是银行资产占 GDP 的比重都在不断上升。综上所述，金融危机使得金融结构更加集中于银行部门，特别是在后危机时代，这种变化趋势更加明显。

金融危机增强了银行与金融市场的可进入性。对于银行部门来说，扩大 ATM 机的万人占有率在金融危机后平稳提升，这也反映出对客户来源的拓展。而金融市场的可进入性提升更为明显，进一步削弱了大型金融公司对于股票交易的垄断。在金融效率方面，金融危机降低了银行的营利性，即使银行所提供的产品范围在不断扩大。相反，金融危机激发了股票市场交易的活跃程度，股票买卖变得更为活跃，特别是 2009 年的市场周转率竟然比 2008 年提高了174%。最后，在金融稳定性方面，虽然银行 Z 统计值的提升并不明显，以该值衡量的银行破产风险没有得到明显优化，但金融危机之后，银行处理不良贷款和银行资产监管的力度都大为加强，这也反映出金融危机促使银行部门大幅提高金融安全性的本质需求。与此同时，即使股票市场交易活跃度在提升，但2007~2009年股票价格却在较大幅度地波动，股票市场安全性受到了明显的威胁。但与银行部门一样，后危机时代，中国对股票市场安全性的监管也得到了加强，股价波动也越发平缓。

7.2 "一带一路"背景下我国金融脆弱性表现与控制

"一带一路"建设为推进我国金融业"走出去"战略及树立"大国金融"形象提供了契机，但与机遇共生的是金融业深化改革的金融风险，而金融脆弱性既是风险的本质体现又是阻碍金融"走出去"战略实施的关键。因此，基于金融脆弱性的内涵，从国内金融深化以及开放经济下的货币替代两个视角解读我国金融脆弱性在当前的表现是防范金融风险以及在"一带一路"建设中充分发挥金融助力作用需要尽快解决的核心问题。

7.2.1 当前我国金融脆弱性表现：基于国内金融深化视角

1. 银行部门表现

银行部门的脆弱性主要体现为流动性错配。首先，银行部门贷存比是反映流动性错配的重要指标。虽然自2015年10月1日起，《中华人民共和国商业银行法》已经废弃使用75%这一贷存比红线作为银行监管的主要风险指标，但贷存比作为参考性指标仍然存在，并继续发挥对银行部门脆弱性的监管作用。表7-5数据表明，我国银行部门贷存比于2000年达到80%，已突破75%红线，并且在2005年至2015年间始终保持在67%~72%的高位水平。这说明近年来依据贷存比指标的流动性错配问题依然没有得到有效解决，银行部门承受突发性挤兑的能力未能获得明显提升。此外，由于存款各个组成部分的流动性不同，为了更为精确地分析银行部门发生流动性错配风险的可能性，我们使用单位活期存款与个人存款来表示流动性最大的银行负债及其占各项贷款的比重来评价流动性错配程度。计算结果显示：去除单位定期存款后的贷存比在2015年达到了106%，为2000年以来的最高值；如果再将个人存款中流动性更差的定期存款部分去除掉，可以预见的流动性错配问题将更为严重，作者在此处不再进行计算。

表7-5 我国银行部门贷存比

单位：亿元人民币

年份	单位活期存款 （a）	个人存款 （b）	各项存款 （c）	各项贷款 （d）	贷存比 d/c	去除单位定期存款的贷存比 d/(a+b)
2000	38494.5	64332.4	123804.4	99371.1	80%	97%
2005	83247.1	141051.0	287169.5	194690.4	68%	87%
2010	221993.4	323302.5	718238.0	479196.0	67%	88%
2011	239099.2	352797.5	809368.0	547947.0	68%	93%
2012	254004.5	411362.6	917555.0	629910.0	69%	95%
2013	278716.6	467031.1	1043847.0	718961.0	69%	96%
2014	287796.9	508878.1	1138645.0	816770.0	72%	103%
2015	337736.9	552073.5	1357022.0	939540.0	69%	106%

数据来源：2001~2016年中国统计年鉴及作者根据年鉴数据所做的计算。

其次，作为贷存比红线指标的重要补充，流动性监控指标被纳入流动性错配评价指标体系，并对银行部门风险监控发挥重要作用。巴塞尔银行监管委员会于2014年11月发布的《巴塞尔协议实施：一个针对G20成员的巴塞尔Ⅲ管理改革报告》表明，巴塞尔银行监管委员会已于2013年1月将流动性覆盖率提高至不低于100%，并要求银行短期流动性必须能够满足最少30天的需要以保证银行能够在发生挤兑或外部冲击下可以获得最大程度的生存下去的机会。我国已于2013年9月达到了这一指标要求。① 此外，中国银行业监督管理委员会于2016年10月8日发布的《2016年商业银行主要监管指标情况表（季度）》数据表明，我国商业银行系统资本充足率为13.11%，一级资本充足率为11.10%，也满足了巴塞尔协议Ⅲ的指标要求。但需要指出的是，我国商业银行系统能够达标主要得益于来自进入巴塞尔协议Ⅲ全球系统性重要银行框架的中国农业银行、中国工商银行、中国建设银行和中国银行这四家商业银行的贡献。巴塞尔银行监管委员会于2016年6月发布的《监管一致性评估项目报告：巴塞尔Ⅲ全球系统性重要银行和国内系统性重要银行评估报告——中国》的数据可以更为清楚地证明这一结论：我国银行系统总资产为24.515万亿欧元，上述四家商业银行总资产为10.891万亿欧元，占银行系统总资产的45%，平均资本充足率和平均一级普通股本率分别为14.6%和11.8%，均高于同期全国银行系统的平均水平。②

再次，信用规模与贷款质量同样是重要的衡量银行部门金融脆弱性的重要指标。图7-2数据显示，我国银行部门向私人部门提供的信用占GDP的比例从1999年的110.85%攀升至2014年的141.87%。不断扩大的信用规模反映出在过去若干年中我国经济的"保增长"和"促增长"经济政策激励了企业对于投资和银行信用的需求。虽然这是一场企业与银行之间关于道德风险的博弈，但令人欣慰的是，银行部门的贷款质量得到了巨大的提升。不良贷款占贷款总额的比重于2001年攀升至21世纪以来的最高点（29.8%），随后开启了一个明显下降的过程，直至2015年的1.5%。这说明，

---

① Basel Committee on Banking Supervision. Implementation of Basel standards: A Report to G20 Leaders on Implementation of the Basel Ⅲ Regulatory Reforms [R]. Bank for International Settlements, 2014.

② Basel Committee on Banking Supervision. Assessment of Basel Ⅲ G-SIB Framework and Review of D-SIB Frameworks - China [R]. Bank for International Settlements, 2016.

在我国金融深化过程中,银行不良贷款这一引发金融脆弱性程度提升的直接诱因所带来的潜在风险已得到大幅削弱,换言之,银行不良贷款已经不是我国当前金融脆弱性的最主要表现形式。

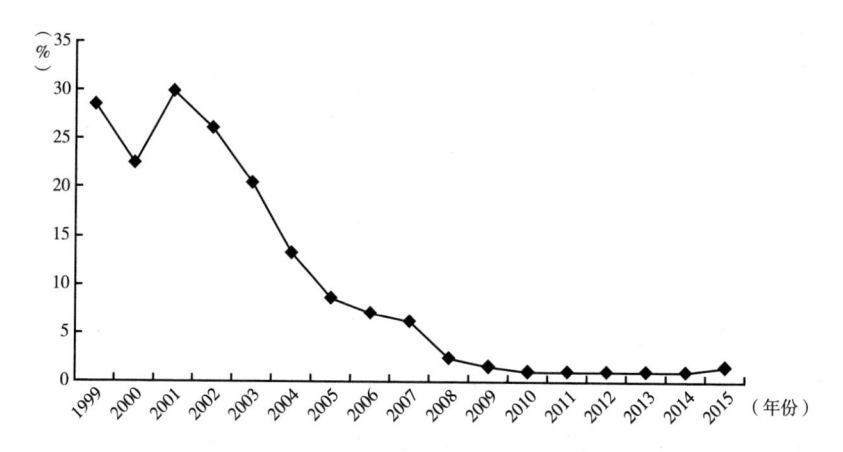

图 7-2　不良贷款占各项贷款总额比例

数据来源:World Development Indicators-China(1999-2015). http://data.worldbank.org/indicator/FB.AST.NPER.ZS。

最后,盈利能力也反映出银行的脆弱性水平。我们使用世界银行所采用的银行部门 Z 统计值来评价银行的盈利能力。与流动性错配指标不同,由于计算银行 Z 统计值所需要使用的核心指标不仅包含了所有者权益占银行资产的比例,更囊括了银行的资产回报率及其标准差这两项指标,因此该指标数值不仅关注银行的债务偿还能力,而且更加关注银行的盈利能力以及盈利能力在不同规模、不同性质商业银行中的差异,并且该指标数值越大,银行破产的可能性越低。[①] 世界银行提供了 1996 年至 2014 年的相关数据:我国银行部门 Z 统计值从 22.78 下降至 21.47;银行税后资产回报率从 0.86% 下滑至 0.76%;非利息性银行收入占银行收入的比重从

---

① Čihák, Martin., Demirguc-Kunt, Asli., Feyen, Erik & Levine, Ross. Benchmarking Financial Systems around the World [R]. Policy Research Working Paper, No. WPS6175, World Bank, 2012.

20.39%滑落至19.14%。① 这一系列数据反映出两个方面的金融脆弱性：第一，银行部门整体盈利能力的下降以及破产概率的提升；第二，四大商业银行与其他银行盈利能力之间的差异在扩大，或其他银行生存空间在不断萎缩。

2. 金融市场表现

与银行部门相比，伴随着金融深化过程，金融市场表现出快速而平稳的增长。同样来自世界银行发布的全球金融发展数据显示：1999年至2014年，我国股票市场市值与交易额占GDP的比重分别从25.84%和22.46%增至48.32%和95.39%；伴随着股票市场规模的不断扩大以及活跃度的大幅提升，同期的股票市场股票价格波动幅度却呈下降趋势，这反映出作为股票市场参与主体的企业、金融部门以及作为经济与金融政策制定者的政府之间的博弈取得了多赢的局面；与此同时，我国债券市场的规模也得到了较大幅度增长，优质国内私人与公共债券占GDP的比重从13.24%上升至44.38%。②

7.2.2 当前我国金融脆弱性表现：基于开放经济下的货币替代视角

1. 货币错配

本币国际信贷功能的缺失和资本市场的不完善能够导致国家的债务与债权在货币上的不匹配，使得资产和负债在未来的净值或净收入存在一种潜在的汇率风险，这种风险即为货币错配，并且货币错配问题常常发生在发展中国家和新兴市场国家。③ 货币错配是货币替代的重要表现形式之一，也是金融脆弱性的核心表现形式之一。

---

① World Bank. Global Financial Development [EB/OL]. [2016-06-24], http://data.worldbank.org/data-catalog/global-financial-development.
② World Bank. Global Financial Development [EB/OL]. [2016-06-24], http://data.worldbank.org/data-catalog/global-financial-development.
③ 周兵、靳玉英、贾松波：《金融发展、货币错配与储备持有——以亚洲新兴经济体为例》，《上海金融》2015年第6期，第17~25页。

1999年至2015年的《国家外汇管理局年报》数据表明，我国外债余额规模从1999年的1518.3亿美元猛增至2015年的14162亿美元。在外债结构中，短期外债增幅最大，从1999年占总外债的10%急剧攀升至2015年的65%，已远超25%的国际警戒线。2014年之前，人民币兑美元汇率的强势表现是导致短期外债快速提升的重要诱因。中国人民银行发布的数据显示，2013年12月1美元折合人民币（期末价）为6.10元，是近年来的最低值。此外，短期外债的快速提升不能排除企业和银行道德风险的不断累积。热钱的快进快出对于短期还债压力，乃至我国金融稳定性将会产生巨大影响，特别是在人民币汇率走低的情况下，此时，货币错配所引发的短期偿债压力以及外债的可持续性风险都将持续提升。事实证明，这种担忧是有依据的：2014年全年1美元兑换人民币（期末数）基本维持在6.10元至6.15元左右的水平，与2013年末基本持平，但从2015年1月开始不断提升，直至2016年10月的6.76元。同时，我国外债余额占外汇储备的比重近年来也在持续攀升，从2010年的19%升至2015年的43%。不断扩大的外债总额将不可避免地成为引发金融脆弱性的重要诱因。最后，2015年短期外债比2014年增加2995亿美元，而外汇储备却比2014年缩减了5100亿美元，并且同期的短期外债占外汇储备的比重也从16.2%扩大至27.6%。可见，短期外债占外汇储备的比重指标同样能够揭示出外债偿还风险以及由其所表现的金融脆弱性风险正处于一个不断累积的过程之中。

2. 资产替代

资产替代被学术界称为间接货币替代，主要研究货币作为储藏价值功能对本币的替代，而直接货币替代是指外币在交易中作为计价货币和支付手段对本币的替代。[①] 衡量资产替代程度，即计算外

---

① McKinnon R I. Two Concepts of International Currency Substitution [C]. Connolly M D, McDermott J (eds). The Economics of the Caribbean Basin, New York: Praeger, 1985: 101 – 118.

币存款占广义货币（M2）的比例是国际货币基金组织等国际组织在衡量一国美元化程度时最常使用的方法。① 若一国资产替代程度高于30%，那么该国就可以被称为高美元化国家。② 根据中国人民银行2016年1月15日发布的《金融统计数据报告》以及中国国家统计局于2016年2月29日发布的《2015年国民经济和社会发展统计公报》数据，我国2015年12月末外币存款余额为6272亿美元，美元兑人民币汇率为6.49，合计人民币为4.07万亿元，M2余额为139.2万亿元。据此可计算得出2015年12月末我国的资产替代程度为2.92%。若以30%作为衡量标准，我国并非高美元化国家，从而资产替代并非我国金融脆弱性的主要表现形式。

7.2.3 主要结论与政策建议

1. 主要结论

第一，"一带一路"建设是我国金融业寻求对外合作并树立"大国金融"形象的战略依托。因此，对我国金融脆弱性的研究就需要同时基于国内金融深化和开放经济下的货币替代的双重视角进行分析。由于我国国内金融系统发展相对不完善，而金融深化本身又意味着减少对本国金融系统发展的行政干预，因此金融深化将大幅提高金融产品与服务创新的活跃度，并促进"一带一路"建设中国内金融系统对外开放的不断升级，这将进一步累积由货币替代所引发的金融脆弱性。

第二，通过对反映金融脆弱性程度的几个重要指标数据进行分析发现：流动性错配、银行（特别是中小银行）的盈利能力不足以及外债偿还中的货币错配是我国金融脆弱性核心表现形式。其中

---

① 刘洪钟、张振家：《转轨经济的去美元化：以俄罗斯和东欧为例》，《俄罗斯中亚东欧研究》2011年第1期，第46~52、96页。
② Balino Tomas J T, Bennett Adam, Borensztein Eduardo. Monetary Policy in Dollarized Economies [R]. IMF Occasional Paper No. 171, International Monetary Fund, 1999.

外债偿还中的货币错配风险主要源自外债规模的不断提升以及短期外债所占比重过大。比较而言，银行部门的不良贷款、金融市场不断提升的规模与活跃程度以及资产替代并非我国当前金融脆弱性风险的主要表现形式。

2. 几点建议

金融脆弱性是金融发展的内生属性，无法完全消除。因此，作者基于上述关于金融脆弱性表现的研究结论，提出四个方面的建议，力图进一步控制"一带一路"倡议实施背景下我国的金融脆弱性。

第一，尽管我国银行部门资本充足率与流动覆盖率指标已经满足巴塞尔协议Ⅲ框架要求，但这主要归功于大型银行，特别是纳入巴塞尔全球系统性重要银行框架的四家国有商业银行的贡献。这就需要全国性以及极具地方特色的地区性股份制银行充分发挥体制相对灵活的优势，积极引进现有体制之外的人才，扩大代理保险、资产托管等非利息收入业务占比，从而保证资本充足率，进而降低流动性错配程度。此外，在"一带一路"建设持续推进的过程中，包括国有商业银行在内的商业银行体系应将银行治理的重心调整为降低负债成本、优化负债结构、打破信息不对称壁垒以及扩充盈利渠道等，并积极向外资银行学习先进的信息技术以及风险管理与信用评估的知识与能力，从而进一步提高商业银行系统整体运行效率与盈利能力。

第二，虽然不良贷款比率已大幅降低，但仍需要在贷款合同内容与期限的约定、合同的执行、抵押品的诉求与管理等方面完善相关法律法规与政策保障体系，从而降低金融交易双方的事前承诺无法兑现的风险。对这种风险的防范不应仅限于银行与储户之间，还应适用于银行与银行之间，因为如果一家银行出现大量不良贷款，会将这种金融脆弱性传染给与之有合同关系的其他银行，从而在整个银行系统中引发系统性风险。

第三，把握银行监管尺度，始终坚持银行监管的最终目的是在于提高资本运行效率，从而更好地为实体经济发展服务。为此应采取三个方面的具体措施：一是要严格实施保证资本充足率等"逆周期监管"手段。既要保证金融系统在经济下行期能够为经济发展提供充足的资金支持，更要约束在经济恢复上行趋势后金融主体在其发展过程中所产生的道德风险[①]，严控资产泡沫与货币虚增。二是要严防流动性创造和金融产品与服务创新过程中影子银行资本套利行为的加剧；三是应有序提升非银行金融部门在金融系统中所占的比重，并且要促进金融市场的发展以拓宽企业直接融资渠道。

第四，人民币国际化进程的持续推进有助于降低货币错配程度。人民币加入特别提款权（SDRs）具有里程碑意义。这一重大事件不仅有助于中国国内资本市场的发展以及人民币作为国际储备货币、计价货币以及支付媒介的范围、比例的扩大与提升，同时对于减轻美元化对我国货币政策独立性的影响，进而维护国内金融系统稳定具有重要意义。但需要认清的一个事实是，挣脱"美元陷阱"不在朝夕之间，美元等国际货币不仅在价值尺度、流通手段以及支付手段等方面仍将继续发挥核心媒介货币职能，同时美元在我国外汇储备篮子中仍将在相当一段时期内占据最大份额。此外，人民币资本账户的开放进程还要严格监控外汇市场中人民币的近期持续贬值预期，因为货币错配会将人民币贬值压力传导给国内金融系统，从而引发更大程度的金融脆弱性：一方面由于我国的广义货币占GDP比重过大，一旦人民币持续贬值，将消耗大量外汇储备去稳定汇率；另一方面人民币的贬值会加大外债（特别是短期外债）的还债压力。

---

① 道德风险假设源于两个方面，即国家会给国内投资者和金融机构提供援助以及国际社会将会为陷入金融危机的国家提供支持。参见 Eichengreen Barry, Hausmann Ricardo. Exchange Rates and Financial Fragility [R]. NBER Working Paper, NO.7418, 1999。

结　语

　　关于金融发展与经济增长之间关系的研究本身并非一个崭新的课题，但却至今没有得出一个具有普遍意义上的结论，即金融发展是否能够促进经济增长，以及程度如何。并且，银行与金融市场对经济增长是否具有相同的影响也没有得出令人信服的、包含大样本空间的研究结论，换言之学者们对于银行主导型还是金融市场主导型金融结构对经济增长促进作用的异同还没有得出统一答案。但转型国家在转型初期大多构建了以银行为主导的金融结构，力图使银行在资源配置上能够发挥最为核心的金融中介职能。这个结论的产生主要源于转型初期，在私有化进程中，在银行私有化以及对外开放过程中不同利益主体之间博弈的结果。

　　在经济转型之初，中东欧国家经济转型的基本事实是无论是采用"休克疗法"的波兰，还是采用"渐进式"路径的匈牙利都采用了稳定化、自由化、私有化与制度化四方面政策措施，区别仅在于经济改革的顺序以及改革的力度上。而转型国家金融发展的第一阶段往往被看作转型国家金融转型的初始阶段，也是作为对经济转型的配合性措施而已，是被动的选择和过程。转型二十余年，历经东亚金融危机、全球金融危机以及欧债危机，转型国家，特别是中东欧国家的金融结构发生了一些变化，股票等金融市场在资源配置方面发挥了越来越重要的作用，即使仍未改变银行在这些国家金融发展中的主导地位。

但银行主导的金融体系并非完美无缺,也存在金融系统脆弱性,因此需要对金融系统进行重构。为了降低转型国家银行业重构成本并顺利完成重构过程,主要采取的措施包括加强对银行业的监管,加强金融机构资本重组,保障政府对银行业援助所做出的承诺的一致性与可靠性等等。当然,还有另外一种金融重构不得不面对的路径,即"去美元化"。"去美元化"也是转型国家降低美元依赖、避免落入"美元陷阱"、控制金融脆弱性的有效途径。

作为一个重要转型国家,与其他转型国家不同,中国在经济转型的同时还创造了经济增长的奇迹。在这个过程中,虽然金融系统仍然是以银行作为主导,但股票等金融市场组成部分所占的比重要大于中东欧国家和俄罗斯,并且金融市场也更为活跃,效率更高。此外,"一带一路"建设是中国金融业寻求对外合作并树立"大国金融"形象的战略依托。因此,对我国金融脆弱性的研究就需要同时基于国内金融深化和开放经济下的货币替代的双重视角进行分析。通过对反映金融脆弱性程度的几个重要指标数据进行分析发现:流动性错配、银行(特别是中小银行)的盈利能力不足以及外债偿还中的货币错配是我国金融脆弱性的核心表现形式。其中外债偿还中的货币错配风险主要源自外债规模的不断提升以及短期外债所占比重过大。比较而言,银行部门的不良贷款、金融市场不断提升的规模与活跃程度以及资产替代并非我国当前金融脆弱性风险的主要表现形式。据此,为了更好地控制中国的金融脆弱性,并进一步促进金融发展,需要重点做好以下几个方面的事情:需要在贷款合同内容与期限的约定、合同的执行、抵押品的诉求与管理等方面完善相关法律法规与政策保障体系,从而降低金融交易双方的事前承诺无法兑现的风险;把握银行监管尺度,始终坚持银行监管的最终目的是提高资本运行效率,从而更好地为实体经济发展服务;持续推进人民币国际化进程以降低货币错配程度。

参考文献

一 中文文献(含译著译文)

1. 白钦先:《金融结构、金融功能演进与金融发展理论的研究历程》,《经济评论》2005年第3期,第39~45页。
2. 曹斐:《私有化、银行改革与企业的软预算越苏——转轨国家的比较研究》,辽宁大学硕士学位论文,2007。
3. 崔宏伟、姚勤华:《中东欧国家加入欧盟进程:战略选择与政策调整》,《东欧中亚研究》2002年第2期,第71~78页。
4. 刁秀华:《后危机时代新兴市场国家的发展前景——以中东欧国家为研究视角》,《俄罗斯中亚东欧研究》2011年第3期,第31~40页。
5. 窦菲菲:《转型国家银行改革及其对经济增长影响分析——基于外资银行视角》,法律出版社,2009。
6. 范振龙:《金融工程学》,上海人民出版社,2003。
7. 郭竞成:《西方金融转型研究的检讨与综合》,《经济社会体制比较》2005年第1期,第127~133页。
8. 郭竞成:《金融转型的比较制度理论与中国实证:以外在货币模

型为起点的逻辑演绎》，浙江大学博士学位论文，2004。

9. Jan Priewe & Hansjorg Herr：《发展与减贫经济学——超越华盛顿共识的战略》，西南财经大学出版社，2006。

10. 江春、许立成：《内生金融发展：理论与中国的经验证据》，《财经科学》2006年第5期，第1~8页。

11. 金雁、秦晖：《十年沧桑——东欧诸国的经济社会转轨与思想变迁》，东方出版社，2012。

12. 孔田平：《国际金融危机对中东欧国家的影响》，载于《俄罗斯中东欧中亚国家发展报告（2009）》，社会科学文献出版社，2009。

13. 李建民等：《俄罗斯东欧中亚经济概论》，中国社会科学出版社，2014。

14. 李时宇：《金融深度与经济增长——基于1994~2008年时间序列数据的实证研究》，《金融理论与实践》2010年第12期，第3~7页。

15. 李扬：《汇率制度改革必须高度关注货币错配风险》，《财经理论与实践》2005年第4期。

16. 廖岷：《当前金融危机对新兴经济体开放的启示》，《国际经济评论》2009年第5~6期，第58~59页。

17. 林铁钢：《俄罗斯银行在稳定中推进银行业的改革与开放——访俄罗斯银行副行长维·民·梅尔民科夫》，《中国金融》2006年第10期。

18. 林毅夫、孙希芳、姜烨：《经济发展中的最优金融结构理论初探》，《经济研究》2009年第8期，第4~17页。

19. 刘洪钟、张振家：《转轨经济的去美元化：以俄罗斯和东欧为例》，《俄罗斯中亚东欧研究》2011年第1期，第46~52页。

20. 刘金全、于惠春：《我国固定资产投资和经济增长之间影响关系的实证分析》，《统计研究》2002 年第 1 期，第 26~29 页。

21. 刘金全、刘达禹、付卫艳：《金融机构脆弱性与经济增长的取值关联性研究》，《南京社会科学》2015 年第 2 期，第 19~25 页。

22. 刘万明：《金融转型比较研究：中东欧与独联体转轨国家》，《云南财经大学学报》2010 年第 5 期，第 67~74 页。

23. 莫里斯·阿莱：《市场经济的货币条件》，载李兴耕等编《当代国外经济学家论市场经济》，中共中央党校出版社，1994。

24. 邱莉莉：《匈牙利私有化的特色与得失》，《东欧中亚研究》1997 年第 6 期，第 53~56 页。

25. 〔比〕热若尔·罗兰：《转型与经济学》，北京大学出版社，2002。

26. 王广谦：《金融改革"转型"与"定型"的现状与未来》，《金融研究》2008 年第 1 期，第 17~28 页。

27. 汪金花、熊学萍：《金融深度、金融宽度与经济增长的实证研究——基于中国省级面板数据》，《金融与经济》2015 年第 8 期，第 26~30 页。

28. 王志远：《中东欧国家金融转型的回顾与反思》，《俄罗斯中亚东欧市场》2012 年第 9 期，第 1~7 页。

29. 王志远：《金融转型：俄罗斯及中东欧国家的逻辑与现实》，社会科学文献出版社，2013。

30. 闻岳春、周怡琼：《中东欧国家银行业引进境外战略投资者的经验与启示》，《上海金融》2012 年第 1 期，第 97~99 页。

31. 文亮：《捷克汇率调控方式演变及启示》，《第一财经日报》2007 年 9 月 20 日，第 B01 版。

32. 徐葵（主编）《俄罗斯和中东欧中亚国家年鉴（1996）》，当代世界出版社，1998。

33. 徐刚、项佐涛：《金融危机下的中东欧：冲击及其应对》，《现代国际关系》2010年第1期,第31~38页。

34. 易纲、郭凯:《中国银行业改革思路》,《经济学季刊》2002年第1期,第55~59页。

35. 张振家:《东亚地区货币竞争与人民币国际化研究》,辽宁大学出版社,2013。

36. 曾诗鸿:《金融脆弱性理论——银行不良贷款生成的监管机制与动态路径》,中国金融出版社,2009。

37. 曾康霖、黄平:《中东欧转轨经济国家股票市场制度研究》,中国金融出版社,2006。

38. 甄炳禧:《美国股市泡沫破灭之后》,《世界知识》2001年第8期,第30~31页。

39. 钟瑛:《20世纪90年代以来的中国宏观经济政策调整》,《当代中国史研究》2005年第7期,第102页。

40. 周兵、靳玉英、贾松波:《金融发展、货币错配与储备持有——以亚洲新兴市场体为例》,《上海金融》2015年第6期,第17~25页。

41. 庄起善、吴玮丽:《为什么中东欧国家是全球金融危机的重灾区?》,《国际经济评论》2010年第2期,第29~39页。

二 英文文献

42. Abarbanell, Jeffery., John Bonin. Bank Privatization in Poland: The Case of Bank Slaski, The William Davidson Institute Working Paper, Working Paper Number 4B, April 1997.

43. Abel, I. Bonin J. Ratail Banking in Hungary: A Foreign Affair, Willianm Davidson Institute Working Paper No. 356, 2000.

44. Aghion, P., Howitt. P, & Mayer-Foulkes, D. The Effect of Financial Development on Convergence: Theory and Evidence.

NBER Working Paper No. 10358, 2004.

45. Aghion, P., Bacchetta, P. & Banerjee, A., Financial Development and the Instability of Open Economies, *Journal of Monetary Economics*, Vol. 51, No. 6, pp. 1077 – 1106, 2004.

46. Allard, Céline. Inflation in Poland: How Much Can Globalization Explain?, IMF Working Paper, WP/07/41, 2007. 2

47. Allen, Franklin and Douglas Gale. Financial Fragility, Liquidity, and Asset Prices. *Journal of the European Economic Association*. 2 (6): 1015 – 1048, 2004.

48. Andrews. A. Michael. State-Owned Banks, Stability, Privatization, and Growth: Practical Policy Decisions in a World Without Empirical Proof, IMF Working Paper, WP/05/10, 2005.

49. Andrew Berg, Olivier Jean Blanchard. Stabilization and Transition: Poland, 1990 – 91. In Olivier Jean Blanchard, Kenneth A. Froot, and Jeffrey D. Sachs ed.. *The Transition in Eastern Europe, Volume 1*, University of Chicago Press, January, 1994.

50. Arcand, J. L., E. Berkes, and U. Panizza. Too Much Finance? Unpublished, Washington: International Monetary Fund, 2011.

51. Arestis, P., and Demetriades, P. Financial Development and Economic Growth: Assessing the Evidence. *The Economic Journal*, 1997, 107 (442): 783 – 799.

52. Aslanidi, Olga. Dollarzation In Transition Economics: New Evidence From Georgia, CERGE-EI, Czech Republic, 2008. 9, P366.

53. Atje, Raymond and Boyan Jovanovic. Stock Markets and Development. *European Economic Review*. 37 (2 – 3, April),: 632 – 640. 1993.

54. Aydm, Burcu. Banking Structure and Credit Growth in Central and

Eastern European Countries, IMF Working Paper, WP/08/215, 2008.

55. Balino, Tomas, Adam Bennett and Eduardo Borensztein: Monetary Policy in Dollarized Economies. Occasional Paper 171, Washington, DC: International Monetary Fund, 1999.

56. Barajas, Adolfo. , Chami, Ralph. , Yousefi, Seyed, Reza. The Finance and Growth Nexus Re-examined: Do All Countries Benefit Equally?, Preliminary Draft, IMF, 2012.

57. Barisitz, S. . Banking transformation (1989 – 2006) in central and eastern Europe-with special reference to Balkans. Bank of Greece Working Paper, No. 78, 2008.

58. Barro Robert J. Economic Growth and Convergence, Applied Especially to China, NBER Working Paper, No. 21872, 2016.

59. Basel Committee on Banking Supervision. Implementation of Basel standards: A Report to G20 Leaders on Implementation of the Basel III Regulatory Reforms. Bank for International Settlements, 2014.

60. Beck, Thorsten. , Demirguc-Kunt Asli. , Levine Ross. Financial Institutions and Markets across Countries and over Time-Data and Analysis, Policy Research Working Paper, No. WPS4943, The World Bank, 2009.

61. Beck Thorsten, Levine Ross. Legal Institutions and Financial Development, NBER Working Paper No. 10126, 2003.

61. Bedri Kamil Onur Tas, Inflation Targeting and Inflation Uncertainty, Working Paper No: 09 – 07, TOBB University of Economics and Technology Department of Economics, 2009.

62. Bencivenga, Valerie R. , Smith, Bruce D. , Financial Intermediation and Endogenous Growth, *The Review of Economic Studies*, Vol. 58, No. 2 (Apr. , 1991), pp. 195 – 209.

63. Berg, A, , and J. Sachs. Structural adjustment and international trade in Eastern Europe: The case of Poland. *Economic Policy*, No. 14 (April): 118 – 173, 1992.

64. Bernanke, Ben. , Gertler Mark. Financial Fragility and Economic Performance, NBER Working Paper, No. 2318, 1987.

65. Bokros, L. . Twenty (Five) Years of Banking Reform in CEE. *Focus on European Economic Integration*. 5: 44 – 47, 2009.

66. Bonin, J. P. , I. Hasan and P. Wachtel. Bank performance, efficiency and ownership in transition countries. *Journal of Banking & Finance*, 29 pp. 31 – 53, 2005.

67. Bonin, John. , Paul Wachtel. Financial Sector Development in Transition Economies: Lessons from the First DecadeFinancial Markets, *Institutions & Instruments*, Volume 12, Issue 1, pages 1 – 66, February 2003.

68. Bonin, John. , Wachtel, Paul. Dealing with Financial Fragility in Transition Economies, BOFIT Discussion Paper, 2005.

69. Caglayan, Mustafa. , Kocaaslan, Ozge, Kandemir. , Mourtidis, Kostas. The Role of Financial Depth on the Asymmetric Impact of Monetary Policy, Sheffield Economics Research Paper Series, Originally Published SERP No. 2013007.

70. Caprio, G. , and L. Summers. Finance and its Reform: Beyond Laissez-Faire. Policy Research Working Paper No. 1171, The World Bank, 1993.

71. Carlson, Stacy. , Dabla-Norris, Era. , Saito, Mika. , Shi, Yu. Household Financial Access and Risk Sharing in Nigeria, IMF Working Paper, No. WP/15/169, 2015.

72. Chinn Menzi D. , Ito Hiro. What matters for financial development? Capital Controls, Institutions, and Interactions. NBER Working

Paper 11370, 2005.

73. Christiano, L., R. Motto, and M. Rostagno. Risk Shocks. Northwestern University mimeo, 2012.

74. Cihák Martin. Demirguc-Kunt Asli, Feyen Erik & Levine Ross. Benchmarking Financial Systems around the World, World Bank, Policy Research Working Paper, No. WPS6175, 2012.

75. Cihák, M., Demirgü č-Kunt, A. Feyen, E. & Levine, R. Financial Development in 205 Economies, 1960 to 2010, NBER Working Paper No. 18946, 2013.

76. Clarke, G., R. Cull, M. Soledad Martinez Peria and S. M. Sánchez, 2003, "Foreign Bank Entry: Experience, Implications for Developing Economies, and Agenda for Further Research," World Bank Research Observer, Vol. 18, No. 1, pp. 25 – 59.

77. Cojocaru, L., Falaris, E. M., Hoffman, S. D. Financial System Development and Economic Growth in Transition Economies: New Empirical Evidence from the CEE and CIS Countries. Department of Economics in its series Working Papers, No. 15 – 04, University of Delaware, 2015.

78. Cottarelli, C., Dell'Ariccia, G., Vladkova-Hollar, I.. Early Birds, Later Risers, and Sleeping Beauties: Bank Credit Growth to the Private Sector in Central and Eastern Europe and the Balkans. IMF Working Paper, No. WP/03/213, 2003.

79. Dabrowski, M.. The Global Financial Crisis and its Impact on Emerging Market Economies in Europe and the CIS Evidence from mid – 2010. Case Network Studies & Analyses, No. 411, 2010.

80. De Haas, R. T. A. and I. Van Lelyveld, Foreign Banks and Credit Stability in Central and Eastern Europe. A Panel Data Analysis. *Journal of Banking and Finance*, Elsevier, vol. 30 (7), pp. 1927 – 1952,

2006.

81. Demirguc-Kunt, Asli., Detragiache, Enrica. Financial Liberalization and Financial Fragility, Policy Research Working Paper No. 1917, The World Bank, 1998.

82. Demirguc-Kunt, A. and Maksimovic, V.. Institutions, Financial Markets, and Film Debt Maturity", Journal of Financial Economics, Vol. 54, pp295–336, 1999.

83. Detragiache, E., Gupta, P. and Tressel, T.. Finance in Lower-Income Countries: An Empirical Exploration. International Monetary Fund Working Paper, WP/050167, 2005.

84. Diamond, Douglas W. Banks and Liquidity Creation. A Simple Exposition of the Diamond-Dybvig Model. *Economic Quarterly*. Volume 93, Number 2, Spring 2007, pp: 189–200.

85. Diamond, D. and Dybvig, P.. Bank Runs, Deposit Insurance, and Liquidity. *Journal of Political Economy*, 85, 191–206, 1983.

86. Diamond, Douglas W., Dybvig, Philip H.. Federal Reserve Bank of Minneapolis Quarterly Review, Vol 24, No. 1, 2000.

87. Diamond, Douglas W., Rajan, Raghuram G. Liquidity Risk, Liquidity Creation and Financial Fragility: A Theory of Banking, NBER Working Paper, No. 7430, 1999.

88. Dobler Constanze., Hagemann Harald. Economic Growth in the Post-Socialist Russian Federation after 1991: The Role of Institutioins. Promotionsschwerpunkt "Globalisierung und Beschaeftigung" in its series Violette Reihe Arbeitspapiere with number 34/2011.

89. Dornbush, R. & Fischer, S. Macro Economics. NewYork: McGraw Hill Book Company, 1978

90. Dumitrescu, G. C.. Central and Eastern European Countries Focus on the Silk Road Economic Belt. Global Economic Observer. 3

(1): 186 – 197, 2015.

91. Eichengreen, Barry. , Hausmann, Ricardo. Exchange Rates and Financial Fragility. NBER Working Paper, NO. 7418, 1999.

92. Erasmus, Lodewyk, Jules Leichter and Jeta Menkulasi. Dedollarization in Liberia—Lessons from Cross-country Experience, IMF Working Paper, WP/09/37.

93. Feige, Edgar L. . The Dynamics of Currency Substitution, Asset Substitution and De facto Dollarization and Euroization in Transition Countries, Comparative Economic Studies, Fall, 2003, P4.

94. Feige, Edgar L. and James W. Dean, Dollarization and Euroization in Transition Countries: Currency Substitution, Asset Substitution, Network Externalities and Irreversibility, Paper presented at the Fordham University International Conference on "Euro and Dollarization: Forms of Monetary Union in Integrating Regions" April 5 –6, 2002, New York.

95. Fisman, R. & Love, I. Financial Development and Growth in the Short and Long Run, NBER Working Paper No. 10236, 2004.

96. Fogel Robert W. Why China Is Likely to Achieve ITS Growth Objectives. NBER WORKING PAPER SERIES, NO. 12122, 2006.

97. Gennaioli, Nicola. , Andrei Shleifer, and Robert W. Vishny. Neglected Risks, Financial Innovation, and Financial Fragility, NBER Working Paper No. 16068, June 2010.

98. Goldsmith, R. W. Financial Structure and Development as a Subject for International Comparative Study. Eds in The Comparative Study of Economic Growth and Structure, Published by NBER, 1959.

99. Gurgul, H. and Lach, L. , 2014. Globalization and Economic Growth: Evidence from two decades of transition in CEE. Munich

Personal RePEc Archive (MPRA) Working Paper, No. 52231.

100. Fama, E. F.. Efficient Capital Markets: A Review of Theory and Empirical Work, *Journal of Finance*, 25 (2), 383 – 417, 1970.

101. Farmer Roger E. A., Nourry C. Venditti Alain., The Inefficient Markets Hypothesis: Why Financial Market do not Work Well in the Real World, NBER Working Paper, No. 18647, December 2012.

102. Gennaioli, Nicola., Andrei, Shleifer., Robert, W, Vishny. Neglected Risks, Financial Innovation, and Financial Fragility, NBER Working Paper No. 16068, 2010.

103. Gurley, J. G. & Shaw. E. S, Financial Aspects of Economic Development. *American Economic Review*, 45: 515 – 538, 1955.

104. Headey Derek., Kanbur Ravi., Zhang Xiaobo. China's Growth Strategies. Working Paper Series, No. WP 2008 – 17, Department of Applied Economies and Management, Cornell University, USA, 2008.

105. IMF. World Economic Outlook (WEO): Coping with High Debt and Sluggish Growth. Washington, DC: International Monetary Fund, Publications Services, 2012.

106. IMF. Global Financial Stability Report: Transition Challenges to Stability. Washington, DC: International Monetary Fund, Publications Services, 2013.

107. IMF. Global Financial Stability Report-Moving from Liquidity-to-Growth-Driven Markets. World Economic and Financial Surveys, Washington DC: International Monetary Fund, 2014.

108. IMF. Global Financial Stability Report: Navigating Monetary Policy Challenges and Managing Risks. Washington, DC: International Monetary Fund, Publications Services, 2015.

109. IMF. Regional Economic Issues: Central, Eastern, and Southeastern Europe Effective Government for Stronger Growth, 2016.

110. Iorgova Silvia. , Li Lian. Ong. The Capital Markets of Emerging Europe: Institutions, Instruments and Investors, IMF Working Papers, WP/08/103, 2008.

111. Jonas,Jiri, Frederic S. Mishkin: Inflation Targeting in Transition Countries: Experience and Prospects. NBER Working Paper 9667, 2003.

112. Kablan Sandrine. Banking Efficiency and Financial Development in Sub-Saharan Africa, IMF Working Paper, No. WP/10/136, 2010.

113. Kaminsky, G. , and Reinhart, C. M. . The Twin Crises: The Causes of Banking and Balance of Payments Problems, Federal Reserve Board, Washington, DC, 1996.

114. Karel Dyba, Jan Svejnar. Stabilization and Transition in Czechoslovakian, in Olivier Jean Blanchard, Kenneth A. Froot, and Jeffrey D. Sachs. *The Transition in Eastern Europe*, Volume 1, University of Chicago Press, January, 1994.

115. Kateřina Šmídková, et al. Koruna Exchange Rate Turbulence in May 1997. Czech National Bank Working Paper No. 2, 1998.

116. Keller P, Richardson T. Nominal Anchors in the CIS. IMF Working Paper, No. 03/179, 2003.

117. Kernal Dervis & Timonth Condon. . Hungary-Partial Successes and Remaining Challenges: The Emergence of a "Gradualist" Success Story?. In Olivier Jean Blanchard, Kenneth A. Froot, and Jeffrey D. Sachs. *The Transition in Eastern Europe*, Volume 1, University of Chicago Press, January, 1994.

118. Khan Mohsin S. , Senhadji Abdelhak S. Financial Development

and Economic Growth: An Overview. IMF Working Paper, WP//00/209, December 2000.

119. King, R. & R. Levine. Finance and Growth: Schumpeter Might Be Right, *The Quarterly Journal of Economics*, Vol. CVIII, No. 3, 681-737, 1993.

120. Kizys, R. and Pierdzioch, C.. The Financial Crisis and the Stock Markets of the CEE Countries. *Czech Journal of Economics and Finance.* 6 (2): 153-172, 2011.

121. Klein, Michael., Olivei, Giovanni. Capital Account Liberalization, Financial Depth, and Economic Growht, NBER Working Paper, No. 7384, 2005.

122. Kokoszczyñski, Ryszard. From Fixed to Floating: Other Country Experiences: The Case of Poland. Presented at IMF seminar "Exchange Rate Regimes: Hard Peg or Free Floating?", Washington, DC, March 19, 2001.

123. Lagunoff, Roger., and Schreft, Stacey. A Model of Financial Fragility. *Journal of Economic Theory.* 99: 220-264, 2001.

124. La Porta, R., Lopez-de-Silanes, F., Shleifer, A., Vishny, R. W.. Law and finance. *Journal of Political Economy* 106, 1113-1155, 1998.

125. La Porta, R., Lopez-de-Silanes, F., Shleifer, A., Vishny, R. W.. The Quality of Government, *Journal of Law and Economic Organization* 15, 222-279, 1999.

126. Lardy Nicholas R. China: Rebalancing Economic Growth, edited in Chapter 1 from The China Balance Sheet in 2007 and Beyond, published by the Center for Strategic and International Studies and the POeterson Institute for Internatinoal Economics, May 2007.

127. Ledyaeva Svetlana. Determinants of Economic Growth: Empirical Evidence from Russian Regions. *The European Journal of Comparative Economics*, 2008, 5 (1): 87 – 105.

128. Leroy, S., and R. Porter. Stock Price Volatility: A Test based on Implied Variance Bounds. *Econometrica*, 49, 97 – 113, 1981.

129. Levine, R.. Bank-based or Market-based Financial Systems: Which is Better? NBER Working Paper, No. 9138, 2002.

130. Levine, R. Finance and Growth: Theory and Evidence, NBER Working Paper, No. 10766, 2004.

131. Levine Ross. Financial Development and Economic Growth: Views and Agenda. *Journal of Economic Literature*, Vol. XXXV (June 1997), pp. 688 – 726.

132. Lucas, R. E., Jr.. On the Mechanics of Economic Development. *Journal of Monetary Economics*, 22, 3 – 42, 1988.

133. Mayer, C. Financial Systems, Corporate Finance, and Economic Development, in R. Glenn Hubbard. *Asymmetric Information, Corporate Finance, and Investment*, p. 307 – 332, 1990.

134. McCaleb, A. and Szunomar, A.. Comparing Chinese, Japanese and South Korean FDI in Central and Eastern Europe. In: Joanna Wardega (ed.). *China-Central and Eastern Europe Cross-Cultural Dialogue: Society, Business and Education in Transition*. Krakow: Jagiellonian University Press. 1: 199 – 212, 2017.

135. McDermott, Gerald A. Politics, Power, and Institution Building: Bank Crises and Supervision in East Central Europe., *Review of International Political Economy*, 2005, 14 (2): 220 – 250.

136. McKinnon, R. *Money and Capital in Economic Development*. Washington, D. C.: Brookings Institution, 1973

137. McKinnon R I. Two Concepts of International Currency

Substitution. Connolly M D, McDermott J (eds). *The Economics of the Caribbean Basin*, New York: Praeger, 1985: 101 – 118

138. Merryman, J. H.. The French Deviation. *The American Journal of Comparative Law* 44, 109 – 119, 1996.

139. Merton, R. C. and Z. Bodie. A Conceptual Framework for Analyzing the Financial Environment, In: *The Global Financial System: A Functional Perspective*, Eds: D. B. Crane, et al., Boston, MA: Harvard Business School Press: 3 – 31, 1995.

140. Merton, R. Financial Innovation and Economic Performance, *Journal of Applied Corporate Finance*, 4, pp. 12 – 22, 1992.

141. Merton, R. & Bodie, Z. The Design of Financial Systems: Towards a Synthesis of Function and Structure, NBER Working Paper Number 10620, 2004.

142. Mirdala, R. Financial Deepening and Economic Growth in the European Transition Economies. *Journal of Applied Economic Sciences*, 2011, 6 (2): 177 – 194

143. Montes-Negret, F. & Papi, L.. The Polish Experience in Bank and Enterprise Restructuring, Working Paper 1705. World Bank, Washington, D. C, 1997.

144. Patrick Hugh T. Economic Development and Cultural Change, Vol. 14, No. 2. (Jan., 1966), pp. 174 – 189.

145. Pencea, S. and Oehler-Sincai, I. M.. Chinese Outward Direct Investment in Central and Eastern European Countries-A Romanian Perspective. *Romanian Economic and Business Review*. 9 (2): 45 – 72, 2014.

146. Pistor, K., Xu, C.. Law enforcement under incomplete law: Theory and evidence from financial market regulation. London School of Economics Working Paper No. TE/02/442, 2002.

147. Pöschl, J. . CEECs on Track for Economic Growth. *WIFO-Monatsberichte.* 73（5）: 329 – 340, 2000.

148. Pound, J. . Proxy voting and the SEC. *Journal of Financial Economics* 29, 241 – 285.

149. Haber, S. H. , Razo, A. , Maurer, N. , 2003. *The Politics of Property Rights: Political Instability, Credible Commitments, and Economic Growth in Mexico*, Cambridge, UK: Cambridge University Press, 1991.

150. Prescott, E. C. , and BOYD, J. H. . Dynamic Coalitions, Growth, and the Firm. in Prescott, E. C. and Wallace, N. （eds.）, *Contractual Arrangements for Intertemporal Trade.* Minneapolis: University of Minnesota Press, 1987.

151. Rajan, R. G. , Zingales, L. . The great reversals: the politics of financial development in the 20th century. *Journal of Financial Economics*, 69, 2003.

152. Romer, P. M. . Increasing Returns and Long-Run Growth, *Journal of Political Economy*, 94, 1002 – 37, 1986.

153. Roubini, . N. , & Sala-i-Martin, X. Financial Development, the Trade Regime, and Economic Growth. NBER Working Paper, No. 3876, 1991.

154. Rousseau, P. L. & Wachtel, P. What is Happening to the Impact of Financial Deepening on Economic Growth? . New York University, Leonard N. Stern School of Business, Department of Economics, Working Paper No. 06 – 15, 2007

155. Sahay Ratna. , et al. . Rethinking Financial Deepening: Stability and Growth in Emerging Markets. IMF Staff Discussion Note, No. SDN/15/08, 2015.

156. Shan J. , Morris A. , Sun F. Financial Development and Economic

Growth: An Egg and Chicken Problem? . *Review of International Economics*, 2001 (9): 443 – 454.

157. Shaw, E. *Financial Deepening in Economic Development.* Oxford: Oxford University Press, 1973

158. Shell, K. . Notes on the Economics of Infinity, *Journal of Political Economy*, 79, 1002 – 1011, 1971.

159. Shiller, R. J. . Do Stock Prices Move too Much to be Justifed by Subsequent Changes in Dividends? *American Economic Review*, 71, 421 – 436, 1981.

160. Shleifer, Andrei, and Robert Vishny. Unstable Banking. *Journal of Financial Economics*, 97 (3): 306 – 318, 2010.

161. Stanley Fischer. Ratna Sahay The Transition Economies After Ten Years. NBER Working Papers, No. 7664. April, 2000.

162. Stefanova, J. and Kalaydzhieva, Z. . Strengthening the Regional Integration in Central and Eastern Europe through Cohesion Policy Instruments and Cooperation among Stock Exchanges. Global Economic Observer. 2 (1): 76 – 87, 2014.

163. Stein, Jeremy. Monetary Policy as Financial Stability Regulation, Harvard University Working Paper, 2010.

164. Stratfor. China: Beijing's Investment in Europe Reveals Long-Term Strategy. 11 – 27 – 2013, 2013. https://www.stratfor.com/sample/analysis/china – beijings – investment – europe – reveals – long – term – strategy.

165. Stein, Jeremy. Monetary Policy as Financial-Stability Regulation. Harvard University working paper, 2010.

166. Stulz, R. Williamson, R. . Culture, openness, and finance. *Journal of Financial Economics*, forthcoming, 2003.

167. Tang, Helena, Edda Zoli, and Irina Klytchnikov. Banking Crises

in Transition Economies-Fiscal Cost and Related Issues, World Bank Policy Research Working Paper No. 2484, 2000.

168. Uiboupin,J.. Short-Term Effects of Foreign Bank Entry on Bank Performance in Selected CEE Countries. Working Papers of EestiPank, No. 4, 2005.

169. World Bank. Post-Crisis Growth in Developing Countries: A Special Report of the Commission of Growth and Development on Implications of the 2008 Financial Crisis, No. 52462, 2010.

170. WorldBank. Global Financial Development, 2016.

171. WorldBank. Measuring banking sector development, 2006.

172. Zeljko Bogetic., Karlis Smits., Segey Ulatov., et al. Russian Economic Report No. 17 (November 2008). MPRA Paper No. 12434, 2009.

173. Zoli, Edda. Cost and Effectiveness of Banking Sector Restructuring in Transition Economies, IMF Working Paper, WP/01/157, 2001.

图书在版编目(CIP)数据

转型国家金融发展与经济增长/张振家,刘洪钟著.——北京:社会科学文献出版社,2019.9
（转型国家经济政治丛书）
ISBN 978-7-5201-5483-3

Ⅰ.①转… Ⅱ.①张… ②刘… Ⅲ.①金融事业-转型经济-经济发展-研究-世界②世界经济-转型经济-经济增长-研究 Ⅳ.①F831②F113.4

中国版本图书馆CIP数据核字（2019）第192322号

·转型国家经济政治丛书·
转型国家金融发展与经济增长

著　　者 / 张振家　刘洪钟
出 版 人 / 谢寿光
组稿编辑 / 周　丽　王玉山
责任编辑 / 王玉山
出　　版 / 社会科学文献出版社·经济与管理分社（010）59367226 地址：北京市北三环中路甲29号院华龙大厦　邮编：100029 网址：www.ssap.com.cn
发　　行 / 市场营销中心（010）59367081　59367083
印　　装 / 三河市东方印刷有限公司
规　　格 / 开本：787mm×1092mm　1/16 印张：11.75　字数：156千字
版　　次 / 2019年9月第1版　2019年9月第1次印刷
书　　号 / ISBN 978-7-5201-5483-3
定　　价 / 89.00元

本书如有印装质量问题，请与读者服务中心（010-59367028）联系

▲ 版权所有 翻印必究